Cosas, Predicciones y Rituales 2025

Alina Rubi

Publicado Independientemente

Derechos Reservados © 2025

Astrólogas: Alina Rubí

Edición: Alina A. Rubi y Angeline A. Rubi

rubiediciones29@gmail.com

Ninguna parte de este libro puede ser reproducido o transmitido en cualquier forma o por cualquier medio electrónico o mecánico. Incluyendo fotocopiado, grabación, o cualquier otro sistema de archivo y recuperación de información, sin el previo permiso por escrito del autor.

¿Quién es Géminis?.	11
Personalidad de Géminis	12
Horóscopo General de Géminis	14
Amor	15
Economía	17
Salud de Géminis	18
Fechas Importantes	19
Horóscopos Mensuales de Géminis 2025	20
Enero 2025	20
Febrero 2025	22
Marzo 2025	24
Abril 2025	26
Mayo 2025	28
Junio 2025	30
Julio 2025	32
Números de la suerte	33
Agosto 2025	34
Septiembre 2025	36
Números de la suerte	37
Octubre 2025	38
Números de la suerte	39
Noviembre 2025	40
Diciembre 2025	42
Números de la suerte	43
Las Cartas del Tarot, un Mundo Enigmático y Psicológico.	44

La Estrella, Carta del Tarot para Géminis 2025 48
Colores de la Suerte 49
    Géminis 51
Amuletos para la Suerte 52
Cuarzos de la Suerte para el 2025 55
    Cuarzo de la Suerte Géminis /2025 59
Compatibilidad de Géminis y los Signos Zodiacales 61
Mejores Profesiones 73
La Luna en Géminis 74
La importancia del Signo Ascendente 76
Ascendente en Géminis 82
    Aries – Ascendente Géminis 83
    Tauro – Ascendente Géminis 83
    Géminis – Ascendente Géminis 84
    Cáncer – Ascendente Géminis 85
    Leo – Ascendente Géminis 85
    Virgo – Ascendente Géminis 86
    Libra – Ascendente Géminis 86
    Escorpión – Ascendente Géminis 87
    Capricornio – Ascendente Géminis 88
    Acuario – Ascendente Géminis 89
    Piscis – Ascendente Géminis 90
Fechas afortunadas para casarse en el 2025: 91
Días Afortunados para Rituales 2025 91
Los Guías Espirituales y las Protecciones Energéticas 98
Traumas y Heridas del Pasado 100

Autosabotaje Energético 100

Patrones Negativos de Pensamientos Arraigados 101

Limpiezas Energéticas 103

Limpieza Energética de la Energía Sexual 103

Ritual Energético para Romper Cordón Energético Sexual 106

Método #1. Rompiendo Cordón Energético de Energía Sexual 108

Método #2. Rompiendo Cordón Energético de Energía Sexual 108

Método #3. Rompiendo Cordón Energético de Energía Sexual 109

Limpieza Energética de la Ropa 113

Como Elevar nuestras Vibraciones Energéticas. 115

El Aura 120

Los Chakras 121

Calendario Lunas Llenas 2025 124

Limpiezas Energéticas para el 2025 125

Baño para Abrir tus Caminos 2025 125

Baño para la Suerte 126

Baño para Eliminar Bloqueos 126

Baño para Atraer la Armonía en el Hogar 126

Baño contra la Envidia 127

Baño contra la Negatividad 127

Baño para Atraer Dinero 128

Baño contra Maldiciones 129

Baño Afrodisíaco 130

Baño para Belleza 130

Baño para Restablecer las Energías y Vitalidad 131

Baño para Atraer el Amor 131

Baño para Obtener Dinero Rápido 132
Baño para Prosperidad Material 132
Baño para tener Paz Espiritual 133
Baño para Protección contra la Envidia 133
Baño para Atraer el Éxito 134
Baño para tener Suerte instantánea 135
Baño para Mantener la Buena Suerte 136
Baño para estar Atractivo 137
Baño para Recuperar un Amor 137
Baño para Eliminar Mal de Ojo 138
Baño para Atraer Abundancia 138
Rituales para el Mes de Enero 140
Ritual para el dinero 140
Hechizo para buenas energías y conseguir prosperidad 141
Ritual para el Amor 142
Hechizo para Hacer que Alguien Piense en Ti 143
Ritual para la Salud 144
Hechizo para Conservar la Buena Salud 144
Rituales para el Mes de Febrero 146
Ritual con Miel para Atraer Prosperidad 146
Para Atraer un Amor Imposible 147
Ritual para la Salud 149
Rituales para el Mes de Marzo 151
Ritual con Aceite para el Amor 152
Hechizo para mejorar la salud 152
Rituales para el Mes de Abril 154

Ritual para que solo te Ame a Ti 155
Hechizo contra la Depresión 156
Afrodisiaco Africano 157
Menta 158
El Ajo 159
Rituales para el Mes de Mayo 161
Hechizo para Atraer tu Alma Gemela 162
Ritual para la Salud 163
Rituales para el Mes de Junio 164
Ritual para Atraer más Dinero. 164
Ritual para Consolidar el Amor 165
Rituales para el Mes de Julio 167
Endulzamiento Gitano 168
Baño para la Buena Salud 169
Rituales para el Mes de Agosto 170
Ritual para el Dinero 170
Hechizo para Transformarte en Imán 171
Baño para la Salud 171
Bambú 172
Calabaza 172
Eucalipto 173
Perejil 174
Laurel 175
Rituales para el Mes de Septiembre 176
Amarre de Amor con Albahaca y Coral Rojo 176
Ritual para la Salud 177

Rituales para el Mes de Octubre 178

Ritual para Garantizar la Prosperidad.. 178

Hechizo para Someter en el Amor 180

Baño con Perejil para la Salud.. 180

Limpieza Energética con un Huevo... 181

Rituales para el Mes de Noviembre... 184

Ritual para la Unión de dos Personas 186

Limpieza Energética Chamánica... 187

Rituales para el Mes de Diciembre 188

Ritual para el Flujo de Dinero en Efectivo 188

Hechizo para Separar y para Atraer.. 189

Hechizo para Incrementar tu Salud 190

¿Qué es una Limpieza Energética? 191

Tipos de Bloqueos Energéticos... 194

Bloqueo Áurico... 194

Bloqueo de los Chakras 194

Bloqueo Emocional 196

Bloqueo Mental 196

Bloqueo de los Meridianos 197

Bloqueo Espiritual 197

Bloqueo en las Relaciones.. 198

Bloqueo de Vidas Pasadas 198

Ataques Energéticos... 199

Cordones Energéticos 205

Mal de Ojo, Maldiciones y Envidias.. 215

Las Posesiones Psíquicas 216

Los Enlaces Psíquicos 216

Almas Vagabundas 217

Síntomas de un Ataque energético 218

Sistema de Inmunidad Energética 219

    Las Pirámides y las Limpiezas Energéticas 220

    Materiales de las Pirámides 222

    Colores de las Pirámides 223

    Recomendaciones Importantes sobre las Pirámides ...224

    Las pirámides no funcionan: 224

    Como Limpiar y Atraer Energías Positivas con las Pirámides ...225

Acerca de la Autora 228

Bibliografía 231

¿Quién es Géminis?

Fechas: 21 de mayo - 21 de junio

Día: miércoles

Color: Azul

Elemento: Aire

Compatibilidad: Libra, Aries y Acuario

Símbolo: ♊

Modalidad: Mutable

Polaridad: Masculina

Planeta regente: Mercurio

Casa: 3

Metal: Mercurio

Cuarzo: Cristal, berilo y topacio.

Constelación: Géminis

Personalidad de Géminis

Géminis posee una gran adaptabilidad y versatilidad, son intelectuales, elocuentes, cariñosos, e inteligentes. Tienen mucha energía y vitalidad, les encanta hablar, leer, hacer varia cosas a la vez.

Este es un signo que disfruta con lo inusual y la novedad, mientras más variedad en su vida, mejor. Su carácter es doble y complejo, en ocasiones contradictorio. Por un lado, es versátil, pero por el otro puede ser poco honesto.

Géminis es el signo de los gemelos y, como tal, su carácter y forma de ser es dual. Representan la contradicción, y cambian de opinión o estado de ánimo con facilidad.

Los Géminis son muy activos y necesitan estar ocupados en todo momento, adoran hacer varias cosas a la vez y tratar retos nuevos.

Tienen la felicidad, la imaginación, creatividad y la inquietud de los niños. Algunas empiezan nuevas actividades y retos con entusiasmo, pero muchas veces les falta la constancia para terminarlos. Desde su punto de vista la vida es un juego y buscan la diversión y nuevas experiencias. Géminis es el signo más infantil del zodiaco.

Su buen humor y capacidad comunicativa desaparecen cuando se enfrentan a un problema, pues acostumbran a desanimarse en las peores circunstancias y dejar que sean los demás quiénes busquen las soluciones.

Los géminis son muy inteligentes, lo preguntan todo. esto los convierte en maestros del debate. Es de los signos con el coeficiente de inteligencia más alto.

Horóscopo General de Géminis

Este será un año prometedor para Géminis. Sin embargo, ocasionalmente en su camino aparecerán algunos obstáculos, sobre todo en los períodos de Mercurio retrógrado.

Debes adaptarte a los cambios y aceptar los desafíos, porque recibirás muchas recompensas. Debes atar los cabos sueltos de tu vida y enfocarte en las oportunidades de expandir tus horizontes, encontrar nuevos intereses y conectarte con otros.

Géminis tendrá muchos encuentros apasionados a lo largo del año, y sus ingresos aumentarán. Recuerda que no hay ganancias en la vida sin sacrificios. Sé paciente con tus relaciones y confía en tu yo interior para obtener fuerza y vibraciones positivas.

Los eventos planetarios del 2025 prepararán el escenario para que tengas un año lleno de cambios dinámicos y oportunidades de crecimiento. El propósito de estos eventos es impulsarte a dejar de lado patrones obsoletos y abrazar nuevas posibilidades.

Hay muchos tránsitos que te prometen abundancia, y un renovado sentido de optimismo y confianza. Este es un excelente momento para concentrarte en ampliar tus horizontes, ya sea a través de viajes, educación o explorando nuevas ideas.

El año no estará exento de desafíos y se pondrá a prueba tu capacidad para pensar, pero también te ofrecerá valiosas lecciones de paciencia y perseverancia.

Júpiter permanecerá en tu signo hasta el 9 de junio del 2025, así que podrás continuar disfrutando de las bendiciones de este tránsito.

Durante los períodos de Luna Nueva busca nuevas experiencias, inicia nuevos proyectos y enfócate en tus propios deseos, y necesidades. Cuídate mucho, y asegúrate de hacer las cosas de la forma correcta, y por las razones correctas.

Amor

Los Géminis que estén comprometidos profundizarán la conexión emocional con su pareja. Los Eclipses Lunares provocarán cambios, o ajustes necesarios, en la dinámica de la relación. Esto puede conducir a una relación más satisfactoria.

Los solteros prepárense para abrazar su lado juguetón ya que el tránsito de Júpiter por tu signo amplificará su magnetismo, facilitando atraer a posibles parejas que aprecien tu inteligencia y espíritu aventurero.

Este año será un período de cambios sentimentales para Géminis, hará planes para tener hijos y para mejorar sus vínculos. Los períodos de Eclipses serán momentos de comienzos y finales en las relaciones. Hay muchos otros aspectos que aseguran de que habrá mucha pasión en tus relaciones románticas

Este año podría abrir nuevas puertas y traer nuevos pretendientes a tu vida, aunque también será un período de autorreflexión.

A lo largo del año, verán una mejor química con sus parejas, y podrán expresar sus opiniones libremente.

Durante los períodos de Luna Llena las emociones serán fuertes en tus conexiones amorosas, y quizás desees dedicarles más tiempo a aquellos con los que tienes buena conexión. Es posible que desees mejorar las relaciones amorosas que son inestables.

Este año tendrás energías extras para el amor, y el romance, y si estás soltero, te lloverán las citas. Si estás en una relación, desearás reavivar las chispas y hacer que se sienta como la primera vez.

Las Lunas Nuevas renovarán tus relaciones románticas y los períodos de Mercurio retrógrado pueden sacar a relucir problemas.

Economía

El 2025 será un gran año para Géminis en los negocios, acuerdos y exposición de ideas. Particularmente los que se dedican a negocios de comunicación les irá bien. Se le ocurrirían ideas nuevas que se pueden poner en práctica gracias a la tecnología. Debes tratar de establecer conexiones y buscar nuevas oportunidades. Algunos podrían conseguir el trabajo de sus sueños, pero es importante que no se comprometan más allá de sus posibilidades. Todos tus esfuerzos serán reconocidos y recompensados.

Acepta el cambio y busca nuevas oportunidades de expansión financiera. El tránsito de Júpiter te traerá oportunidades para tu avance profesional, y más flujos de ingresos. Si has estado considerando tener tu propio negocio, las energías cósmicas apoyarán tus esfuerzos. Sin embargo, es crucial que te adaptes a las circunstancias. Tu flexibilidad y rapidez de pensamiento te servirán durante este período. El año te promete abundancia, es un momento ideal para diversificar tus inversiones, explorar nuevas fuentes de ingresos o invertir en tu desarrollo profesional.

Neptuno y Saturno harán que te concentres en tus metas, con las que te conectas espiritualmente, y te permiten ayudar a otros. Durante los períodos de Luna Nueva puedes sentirte energizado y maximizar tus recursos.

Durante los períodos de Luna Llena trata de enfocarte, tener más confianza y maximizar la buena energía para tus metas.

Es posible que te cueste progresar, disciplinar y concentrarte en los períodos de Mercurio Retrógrado y que estés inseguro, o te falte confianza.

Este año tendrás nuevas oportunidades de trabajo, y es posible que se te presenten oportunidades incluso si no estás buscando un nuevo trabajo.

Salud de Géminis

Durante las temporadas de Eclipses recibirás órdenes de tu médico para cambiar tu estilo de vida. Recuerda que la disciplina no tiene por qué sentirse como un castigo. Utiliza tu fuerza de voluntad mientras reduces tu adicción al azúcar, al café u otro estimulante que simplemente no le hace bien a tu cuerpo.

Debes nutrirte a nivel físico y emocional, y reevaluar tu estilo de vida, es esencial que te alejes del estrés y la ansiedad. El estrés emocional, agravado, puede hacer que tu sistema inmunológico se afecte.

Si estás lidiando con una adicción, encuentra el coraje para buscar ayuda o entrar en desintoxicación.

Fechas Importantes

4 de febrero - Fin de Júpiter retrógrado

20 de mayo - Entrada del Sol en Géminis

26 de mayo - Entrada de Mercurio en Géminis

27 de mayo - Luna Nueva en Géminis

4 de julio - Entrada de Venus en Géminis

9 de julio - Entrada de Urano en Géminis

6 de septiembre - Urano retrógrado

4 de diciembre - Luna llena en Géminis

Horóscopos Mensuales de Géminis 2025

Enero 2025

Este mes, en la economía, es imprescindible que ejerzas la prudencia. Es posible que te enfrentes a personas que quieran aprovecharse de tu credulidad. No puedes confiar en cualquiera sin conocerlo, tendrás que estar con tus cinco sentidos bien despiertos para evitarte muchos problemas.

Si estás en una relación, tratarás de superar tus conflictos poniendo en práctica soluciones alternativas, entre ellas estará solucionar tus preocupaciones en los brazos de otra persona.

Si no tienes pareja, analizar los verdaderos motivos, y dejar de culpar de tus fracasos a las personas con las que has salido, es una buena idea. Si analizas las cosa detenidamente, el factor común de todas estas desavenencias eres tú.

Después del 19 el área económica en tu relación necesita prudencia, conversen extensamente con un asesor financiero antes de comenzar alguna inversión.

No te conformes con los consejos que hayas podido escuchar anteriormente, ya que la información que hayas podido escuchar podría ser engañosa.

A final del mes si no tienes pareja, comprenderás por fin que la principal causa de tu soledad no es nadie más que tú.

Si quieres cambiar de rumbo, y tomar las riendas de tu vida debes actuar, es la mejor manera de conseguirlo.

La suerte es que las personas que te rodean te harán comprender que fantasear es permitido, pero pasar a la acción y convertir en tus sueños en realidad es mucho mejor.

Números de la suerte

10, 24, 28, 30, 33

Febrero 2025

Este mes soñarás tanto con cambiar de vida.

Debes tomar decisiones y cambiar tu forma de proceder para no volver a cometer los mismos errores. No esperes que la soluciones vengan de otras personas, o fuentes externas. Si no te satisface tu situación actual, en tu mano está cambiarla.

No pienses que un hada madrina va a aparecer y te va a cambiar la vida, debes tomar la sartén por el mango para transformar tu situación. Nadie puede hacerlo por ti, eres tú quien tiene la llave de tu felicidad.

No quieres seguir viviendo una situación que sientes que te atrapa y te hace infeliz, es posible que tengas que cortar definitivamente algunos vínculos.

En el área profesional, tienes la oportunidad de explotar tus conocimientos más allá de las fronteras mentales que te habías marcado.

Desde el punto de vista económico, tendrás que ser más precavido con tus transacciones, ya que podrías actuar sin pensar y cometer errores que te pueden llevar a la bancarrota.

Si tienes pareja, es el momento de hablar con sinceridad, explícale que quieres recuperar tu libertad. Tu confesión será como una bomba, pero está muy meditada.

Para quienes no tienen pareja, aceptar mirar más allá del velo de la ilusión te ayudará a descubrir que la persona en la que tenías puesta la mirada no te puede ofrecer un amor verdadero.

Números de la suerte

4, 5, 25, 28, 32

Marzo 2025

Este mes algunos Géminis decidirán romper con su pareja, algo que no es un tema fácil de digerir desde el punto de vista emocional. Para algunos será como una liberación y para otros un desengaño.

Si no tienes pareja decidirás no perder el tiempo con personas que no te aportan lo que aspiras.

En el área profesional, te espera un mes de expansión, debes aprovechar las oportunidades que se presenten para progresar y llegar más lejos.

La suerte acompaña a todos los que este mes tienen exámenes, aprovecha estas energías.

Ten cuidado con los gastos imprudentes entre 5 y 17, ya que podrías arrepentirte.

Necesitas cuidarte, buscar aquello que te aporta paz, llegarán proyectos interesantes, pero ahora es el momento de sanar las heridas.

A pesar de las responsabilidades, no descuides nunca tus sueños. La vida es demasiado corta para saturarse de obligaciones. Solo así conseguirás sentir triunfar.

Tu agudeza intelectual, te ayudará a comprender mejor los retos que se presentarán y tu capacidad para tomar decisiones contribuirá tu éxito en un proyecto.

A final del mes sentirás una amplia satisfacción al contemplar tus progresos, que nada podrá impedir que sigas triunfando.

Números de la suerte

6, 8, 15, 22, 35

Abril 2025

Este mes recuerda que no todo lo que se te pase por la cabeza será palpable en el mundo material. Recuerda que tu prolífica imaginación puede llevarte muy lejos, y hacer que te alejes de la realidad.

En el plano sentimental, te encuentras en estado contradictorio con respecto a tu pareja y te resulta difícil distinguir entre las verdades y mentiras. Confías en tu pareja, sabes que es la persona adecuada para ti, pero tienes muchas dudas. Deja de presagiar lo peor o acabarás atrayéndolo hacia ti. Tu imaginación te hace ver fantasmas donde n hay.

Si no tienes pareja, alguien avivará en ti la llama del amor y te ves ya viviendo una historia de amor con esa persona.

Tus finanza y tus negocios estarán bastante estables, y a nivel profesional. tus sueños se alinean con la realidad a nivel financiero. Se podría decir que das envidia, porque tienes la posibilidad de gastar para comprar todo lo que sea de tu gusto.

Algunos podrían recibir una buena suma de dinero como resultado de un proceso legal, el veredicto te es favorable y es probable que recibas una cantidad de dinero considerable por daños y perjuicios. Te imaginabas lo peor, sin embargo, obtienes una gran victoria.

Los que se dediquen a los negocios de ventas, tienen un final de mes excelente. El dinero que obtengas inviértelo.

Algunos dolores musculares te darán la alerta de que algo puede estar complicando tu salud, no es grave, pero debes ver a un doctor.

Números de la suerte

4, 13, 20, ,28, 30

Mayo 2025

Este mes probablemente osciles entre una alegría extrema y abismos de ansiedad, especialmente a nivel sentimental.

Tienes la oportunidad de organizar tu vida porque hay un aspectos planetarios que te empujarán y te bajarán de las nubes.

Este mes debes buscar el equilibrio entre el optimismo desenfrenado y el pesimismo. Le das demasiado poder a tu mente, esto te lleva por caminos en los que corres el riesgo de perder el control de tu vida. Sino tienes una visión clara y objetiva, podrías tener que tomar decisiones repentinas que afectarán tu cuenta de banco.

Tienes la oportunidad de comenzar un negocio muy bueno, pero ten cuidado con tu tendencia a sobrevalorar tus capacidades. Los planetas te recomiendan cautela para que no caigas en las redes de personas inescrupulosas.

Quienes no tienen pareja estarán de suerte, ya que la persona que les interesa después del 19 por fin responde a sus mensajes.

Será un mes en que tendrás muchas cosas que pensar, debes evitar las distracciones y las pérdidas de tiempo. Concentra tus energías en tus asuntos. Podrás pagar todas tus deudas, pero para ello será necesario que dejes de lado tu desorganización. La tranquilidad y el equilibrio económico regresarán a tu vida.

A final del mes tienes desarrollarás proyectos que son importantes para ti y que podrían ser muy lucrativos. Aprovecha para probar suerte en los juegos de azar.

Entre el 25 y el 30, los planetas favorecerán la comunicación con respecto a una amistad con matices románticos.

Números de la suerte

6, 10, 19, 24, 30

Junio 2025

Este mes cuentas con una gran dosis de suerte, y podrás distinguir a las personas malintencionadas y envidiosas a kilómetros de distancia.

Dales vida a tus sueños, se te presentarán oportunidades profesionales para conseguir lo que deseas. Los planetas te proporcionarán la energía suficiente para que inicies tu propio negocio. Aprovecha para sentar las bases de tu futuro.

En el amor, te alejas de las discusiones y adquieres un modo de comunicación agradable. Lo que realmente deseas es tener una relación sana con tu pareja y el humor es tu herramienta para disfrutar del mes.

Si tu corazón todavía no tiene dueño por fin te llegará una grata noticia. Si tienes a alguien en mente desde hace tiempo las cosas se desbloquearán y podrías vivir un verdadero romance con esa persona.

Después del 20 es el momento ideal para revisar tus proyectos personales, ya que tienes ideas y soluciones creativas.

Comienza con pequeños pasos, y conseguirás el impulso necesario para implementar los cambios que quieres. No le cuentes a todo el mundo tus planes, algunas personas por envidia te pueden sabotear, en lugar de apoyarte.

Tus proyectos son tesoros que debes proteger con discreción. Cuando sean lo suficientemente fuertes podrás exponerlos sin temor.

Números de la suerte

10,19,27,28,29

Julio 2025

Un mes donde disfrutarás del cariño de tu pareja, y será recíproco. Un nuevo proyecto en común podría fortalecer tu unión. Si no tienes pareja, es un buen momento para hablar con personar nuevas y relacionarte.

En el trabajo encontrarás soluciones y disfrutarás de una vida laboral pacífica y placentera. Tu agudeza intelectual te ayudará a encontrar la información que necesitas para sobresalir en tu trabajo.

A nivel económico puedes relajarte ya que la suerte te acompañará en todos los negocios que quieras hacer. Tus pasos avanzan rápido hacia el éxito, y tu capacidad de adaptación es una auténtica herramienta en tu vida.

No mires atrás, tienes la capacidad de levantar un imperio desde cero. La victoria y el éxito son tu destino, gracias a tu perseverancia.

A mitad del mes un aspecto planetario te impulsa a hacer cambios saludables en tu relación de pareja. Tu conducta es un factor clave en los problemas que tienes actualmente. Resuelve todos los problemas de raíz. Quizás no te guste lo que descubras, pero podrás volver a empezar sobre una base sana con tu media naranja.

Se anuncian vientos de cambio al final de mes para quienes no tienen pareja. Alguien del pasado está a punto de volver a hacer acto de presencia, debes sopesar los pros y los contras antes de decidir si le das o no una segunda oportunidad a esa persona.

Números de la suerte
17, 22, 26, 31, 36

Agosto 2025

Este mes favorece los asuntos del corazón para quienes no tengan pareja. Es posible que no tengas deseos de recuperar una vieja historia, pero el cielo te envía señales de una reconciliación con alguien que adoraste en el pasado.

Todavía existe algo de química entre los dos y debes decidir si le das una segunda oportunidad a esa persona.

Después del 6 algunos sacrificarán la seguridad de un trabajo fijo para poner a funcionar un negocio propio. No te temas a los obstáculos, ni los retos. Debes confiar en tu potencial para alcanzar el éxito.

Este mes atraes la buena fortuna como un imán y tu cuenta de banco estará siempre en positivo, no corres riesgo de pérdidas.

Los Géminis disfrutarán de una prosperidad material excepcional. El dinero llama al dinero, por eso recibirás buenas noticias después del 21. Quizás te llegue un reembolso, un bono o que te toque un ticket en la lotería.

Estas viviendo este mes una fase de abundancia y podrás conseguir que todas las situaciones se inclinen a tu favor. Esta buena racha no debe hacerte olvidar que tienes defectos y que debes trabajar en tus áreas oscuras.

Al final del mes trata de darle un descanso a tu imagen profesional.

Evita divulgar los detalles de tu vida amorosa a tus colegas, aléjate de chismes.

Números de la suerte

6 – 10 – 19 – 24 - 30

Septiembre 2025

Este mes si has estado trabajando en un proyecto creativo tus esfuerzos se verán recompensados. Es aconsejable que sigas con tus pensamientos positivos para que puedan florecer aún más ideas interesantes en tu mente.

Asegúrate de ser gentil en tu trato con los demás, ya que el éxito no te da derecho a ser una persona desconsiderada con los que te rodean.

Los que no tienen pareja no están dispuestos a dejarse influir la familia y las tradiciones. Serás consciente de lo que te impide encontrar la pareja adecuada. Si sigues teniendo en cuenta los criterios de tus padres, nunca encontrarás a la persona que realmente se adapte a ti.

Los que están en una relación, le darán prioridad a el amor y obviarán los desacuerdos, estarán más dispuestos a perdonar las cosas sin importancia. Estarás dispuesto a empezar de nuevo con tu media naranja y distanciarte de la rutina diaria.

Después del 21 Algunos pueden recibir una noticia desagradable relacionada con el trabajo. No entres en pánico porque se trata de una oportunidad única para iniciar un ciclo nuevo en tu vida. Sin duda es la ocasión de hacer valer tus habilidades y no depender de nadie más.

Los últimos días del mes estarás muy ilusionado con una idea muy buena, pero debes moverte con calma y no perder el enfoque.

Este mes debes comenzar a darle movimiento a tu cuerpo, comienza a comer más saludable y deja de lado la comida chatarra.

Números de la suerte
7, 11, 13, 16, 26

Octubre 2025

Durante el mes de octubre tendrás la oportunidad de cambiar de trabajo. También se te presentaran varias oportunidades de inversión. Sin embargo, tómate el tiempo para analizarlas antes de poner en riesgo tu economía.

Es importante que tengas fe en tu destino para que te guíe hacia el lugar adecuado. Este mes crecerás en todo el sentido de la palabra, recuperarás tu poder personal y reivindicarás tus convicciones. Estás dispuesto a mejorar tu vida.

Es importante que no pongas resistencia a la transformación, sino que te dejes llevar, ya que sin duda te llevará a situaciones mejores para ti. Debes modificar tu gorma de pensar. Si abrazas el cambio, nuevas oportunidades ampliarán tus horizontes más allá de tus expectativas.

Este mes tu corazón se encuentra frío debido a que diste mucho y recibiste poco a cambio, será bueno que vayas sanando.

Después del 15 lucharás para no caer en episodios de tristeza y ansiedad, aprende a oír consejos. Debes hacer ejercicios para calmar lo que sientes.

Si estas en una relación, o comprometido, una noticia de alguien de tu pasado va a sacudir la relación. Una persona problemática va a dar señales de vida, y a tener contacto contigo. Es mejor que te alejes para evitar conflictos con tu pareja.

Terminando el mes puedes planificar invertir en tu casa. Si ya tienes una, puedes remodelarla o redecorarla. Este es un buen mes para mejorar tu propio espacio.

Números de la suerte
13 16 28 31 33

Noviembre 2025

Este mes si no tienes pareja, la Luna te ayudará a encontrar una persona que te hará feliz. Cuentas con la protección de fuerzas superiores, vas a salir de la soledad y la tristeza. Tienes la convicción de que darás con la persona junto a la que podrás construir una felicidad duradera.

Después del 5 comienza a curar tus heridas emocionales, te espera un futuro mejor. Cuando se deja de esperar el amor, es cuando llega sin avisar. Debes salir y tentar la suerte.

Antes de comenzar un proyecto a largo plazo, debes tomarte el tiempo para elegir la mejor opción. De hecho, da un paso atrás para analizar la situación y poder tomar la decisión más efectiva. En el área profesional tienes todas las puertas abiertas. Es posible que recibas información inesperada que indique posibles fuentes de ingreso. Sea lo que sea, nuevas oportunidades se te van a presentar que podrían suponer una gran diferencia en tu estilo de vida.

Las cosas podrían ponerse serias después del 11 y esta podría ser la energía que requieres para llevar una relación al siguiente nivel.

A final de mes si te sientes aburrido es vital que busques nuevos retos así podrás evitar esa sensación de estar desenfocado.

Es hora de que intentes cosas nuevas, acepta que lo que ocurrió tenía que ser de esa forma. Deja de encerrarte en tus pensamientos, dale una oportunidad a la vida para que algo nuevo te sorprenda.

Números de la suerte

15 21 23 31 36

Diciembre 2025

Último mes del año, si no tienes pareja, debes salir de tu zona de confort, el miedo te está impidiendo vivir la vida al máximo. Evita caer en la autocrítica, no te tortures con preguntas sobre qué hiciste mal o en qué fallaste.

La suerte te va a permitir mantener la cabeza sobre tus hombros, escoger tus guerras y saber dónde puede ser rentable que inviertas tu dinero y energías. Tienes que recargar tus baterías para el próximo año. No te desgastes con situaciones estúpidas. Deja de tratar de solucionarle la vida a los demás. Si el resto no sabe lo que quiere hacer con su vida, ese no es tu problema.

A mitad de mes debes guardar las formas, porque corres el riesgo de molestar a tu pareja, que tal vez no se sienta emocionalmente igual que tú.

Si no tienes pareja, acepta abrirte a la vida como una flor bajo los rayos del sol. Es el momento de que te permitas vivir con libertad para que puedas conocer personas encantadoras. Una bella historia de amor puede surgir, pero para eso debes despojarte de tus miedos. Si consigues superar ese autobloqueo, podrás desplegar tus alas y seducir a quien tú deseas.

A final del mes alguien de tu familia querrá decirte lo que debes hacer con tu dinero, sin tu haberle pedido consejo. No respondas con sarcasmo, se bondadoso.

Debes calmar tus deseos de gastar dinero en regalos suntuosos, piensa bien antes de gastar tu dinero.

Es fin de año, así que trata de liberarte de cosas que te atan, de personas que no te hacen bien, y te estresan.

Intenta descansar lo que puedas, desconectar, y olvidarte del mundo es clave para comenzar un año 2026 con los pies en la tierra.

Números de la suerte
11, 12, 22 30, 31

Las Cartas del Tarot, un Mundo Enigmático y Psicológico.

La palabra Tarot significa "camino real", el mismo es una práctica milenaria, no se sabe con exactitud quién inventó los juegos de cartas en general, ni el Tarot en particular; existen las hipótesis más disímiles en este sentido. Algunos dicen que surgió en la Atlántida o en Egipto, pero otros creen que los tarots vinieron de la China o India, de la antigua tierra de los gitanos, o que llegaron a Europa a través de los cátaros.

El hecho es que las cartas del tarot destilan simbolismos astrológicos, alquímicos, esotéricos y religiosos, tanto cristianos como paganos.

Hasta hace poco algunas personas si le mencionabas la palabra 'tarot' era común que se imaginaran una gitana sentada delante de una bola de cristal en un cuarto rodeado de misticismo, o que pensaran en magia negra o brujería, en la actualidad esto ha cambiado.

Esta técnica antigua ha ido adaptándose a los nuevos tiempos, se ha unido a la tecnología y muchos jóvenes sienten un profundo interés por ella.

La juventud se ha aislado de la religión porque consideran que ahí no hallarán la solución a lo que necesitan, se dieron cuenta de la dualidad de esta, algo que no sucede con la espiritualidad.

Por todas las redes sociales te encuentras cuentas dedicadas al estudio y lecturas del tarot, ya que todo lo relacionado con el esoterismo está de moda, de hecho, algunas decisiones jerárquicas se toman teniendo en cuenta el tarot o la astrología.

Lo notable es que las predicciones que usualmente se relacionan al tarot no son lo más buscado, lo relacionado al autoconocimiento y la asesoría espiritual es lo más solicitado.

El tarot es un oráculo, a través de sus dibujos y colores, estimulamos nuestra esfera psíquica, la parte más recóndita que va más allá de lo natural. Varias personas recurren al tarot como una guía espiritual, o psicológica, ya que vivimos en tiempos de incertidumbre y esto nos empuja a buscar respuestas en la espiritualidad.

Es una herramienta tan poderosa que te indica concretamente qué está pasando en tu subconsciente para que lo puedas percibir a través de los lentes de una nueva sabiduría.

Carl Gustav Jung, el afamado psicólogo, utilizó los símbolos de las cartas del tarot en sus estudios psicológicos. Creó la teoría de los arquetipos, donde descubrió una extensa suma de imágenes que ayudan en la psicología analítica.

El empleo de dibujos y símbolos para apelar a una comprensión más profunda se utiliza frecuentemente en el psicoanálisis. Estas alegorías constituyen parte de nosotros, correspondiendo a símbolos de nuestro subconsciente y de nuestra mente.

Nuestro inconsciente tiene zonas oscuras, y cuando utilizamos técnicas visuales podemos llegar a diferentes partes de este y desvelar elementos de nuestra personalidad que desconocemos.

Cuando logras decodificar estos mensajes a través del lenguaje pictórico del tarot puedes elegir que decisiones tomar en la vida para poder crear el destino que realmente deseas.

El tarot con sus símbolos nos enseña que existe un Universo diferente, sobre todo en la actualidad donde todo es tan caótico y se les busca una explicación lógica a todas las cosas.

La Estrella, Carta del Tarot para Géminis 2025

La Estrella simboliza el optimismo. En caso de conflictos, te recuerda que siempre hay esperanzas, no debes perder nunca la Fe. Indica que vas a recibir ayuda sorpresiva. La Estrella te guía, te acompaña durante el camino y te proporciona claridad, ayudándote a percibir una verdad más amplia. La Estrella te ayuda a desarrollar tu intuición y te conecta con el antiguo conocimiento.

La Estrella te va a dar sosiego, tranquilidad, serenidad, y descanso. La Estrella hace referencia a un amor intenso y apasionado, que además va a ser una relación importante para ti. Si quieres quedar embarazada esta carta te anuncia un embarazo. Asimismo, la energía de esta carta favorece los proyectos a largo plazo.

Colores de la Suerte

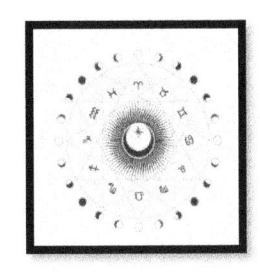

Los colores nos afectan psicológicamente; influyen en nuestra apreciación de las cosas, opinión sobre algo o alguien, y pueden usarse para influir en nuestras decisiones.

Las tradiciones para recibir el nuevo año varían de país a país, y en la noche del 31 de diciembre balanceamos todo lo positivo y negativo que vivimos en el año que se marcha. Empezamos a pensar qué hacer para transformar nuestra suerte en el nuevo año que se aproxima.

Existen diversas formas de atraer energías positivas hacia nosotros cuando recibimos el año nuevo, y una de ellas es vestir o llevar accesorios de un color específico que atraiga lo que deseamos para el año que va a comenzar.

Los colores tienen cargas energéticas que influyen en nuestra vida, por eso siempre es recomendable recibir el año vestidos de un color que atraiga las energías de aquello que deseamos alcanzar.

Para eso existen colores que vibran positivamente con cada signo zodiacal, así que la recomendación es que uses la ropa con la tonalidad que te hará atraer la prosperidad, salud y amor en el 2025. (Estos colores también los puedes usar durante el resto del año para ocasiones importantes, o para mejorar tus días.)

Recuerda que, aunque lo más común es usar ropa interior roja para la pasión, rosada para el amor y amarilla o dorada para la abundancia, nunca está demás adjuntar en nuestro atuendo el color que más beneficia a nuestro signo zodiacal.

Géminis

Naranja

Un color que está en la naturaleza, en las frutas y en las glamurosas puestas del sol.

El naranja es un color que emite calidez.

Es un color que invoca entusiasmo, pasión y confianza. Está relacionado con la felicidad, creatividad y la vitalidad.

El naranja es un color muy bueno para situaciones en las que puede haber problemas de timidez. Te ayudará a superar los obstáculos y desafíos, ya que te infundirá coraje y determinación.

Este color te ayudará a crear nuevos vínculos. Esta tonalidad repele las energías negativas, y te ayuda a destacar por sobre los demás.

La presencia tan vibrante y llamativa de este color te dará confianza para expresar tus emociones e ideas.

Amuletos para la Suerte

¿Quién no posee un anillo de la suerte, una cadena que nunca se quita o un objeto que no regalaría por nada de este mundo? Todos le atribuimos un poder especial a determinados artículos que nos pertenecen y ese carácter especial que asumen para nosotros los convierte en objetos mágicos. Para que un talismán pueda actuar e influir sobre las circunstancias, su portador debe tener fe en él y esto lo transformará en un objeto prodigioso, apto para cumplir todo lo que se le pida.

En el sentido cotidiano un amuleto es cualquier objeto que propicia el bien como medida preventiva contra el mal, el daño, la enfermedad, y la brujería.

Los Amuletos para la buena suerte pueden ayudarte a tener un año 2025 lleno de bendiciones en tu hogar, trabajo, con tu familia, atraer dinero y salud. Para que los amuletos funcionen adecuadamente no debes prestárselos a nadie más, y debes tenerlos siempre a mano.

Los amuletos han existido en todas las culturas, y están hechos a base de elementos de la naturaleza que sirven como catalizadores de energías que ayudan a crear los deseos humanos.

Al amuleto se le asigna el poder de alejar los males, los hechizos, enfermedades, desastres o contrarrestar los malos deseos lanzados a través de los ojos de otras personas.

Géminis

Árbol de la Vida.

El árbol de la vida simboliza la conexión de todas las cosas en el mundo. El círculo simboliza el mundo, y las raíces y las ramas representan todo lo que hay dentro de él.

Este amuleto te ayudará a tener sabiduría, fuerza y conocimiento ya que tiene una conexión única con las raíces ancestrales y la vida después de la muerte.

Este amuleto te protegerá, te dará inspiración, te ayudará a enfocarte y te recordará que todos somos parte de un todo universal más grande.

Este amuleto simboliza la longevidad, te hará más confiado y fuerte. Simboliza la unión y te sirve como recordatorio de que nunca estás solo o aislado, sino conectado con el mundo. Este amuleto del árbol de la vida se encuentra en muchas culturas y puede protegerte y ayudarte a superar cualquier situación difícil.

Su energía es compatible tanto con hombres, y siempre te ayudará a mantener la paz, y la tranquilidad, en tu casa y te protegerá de las fuerzas del mal. Es un amuleto muy poderosos para una mujer embarazada, simbolizando el comienzo de una nueva vida. Protegerá al niño y a la madre del mal y le dará sabiduría.

Cuarzos de la Suerte para el 2025

Todos nos sentimos atraídos por los diamantes, rubíes, esmeraldas y zafiros, evidentemente son piedras preciosas. También son muy apreciadas las piedras semipreciosas como la cornalina, ojo de tigre, cuarzo blanco y el lapislázuli ya que han sido usadas como ornamentos y símbolos de poder por miles de años.

Lo que muchos desconocen es que ellos eran valorados por algo más que su belleza: cada uno tenía un significado sagrado y sus propiedades curativas eran tan importantes como su valor ornamental.

 Los cristales siguen teniendo las mismas propiedades en nuestros días, la mayoría de las personas están familiarizadas con los más populares como la amatista, la malaquita y la obsidiana, pero actualmente hay nuevos cristales como el larimar, petalita y la fenacita que se han dado a conocer.

Un cristal es un cuerpo solido con una forma geométricamente regular, los cristales se formaron cuando la tierra se creó y han seguido metamorfoseándose a medida que el planeta ha ido cambiando, los cristales son el ADN de la tierra, son almacenes en miniatura que contienen el desarrollo de nuestro planeta a lo largo de millones de años.

Algunos han sido doblegados a extraordinarias presiones y otros crecieron en cámaras hondamente enterradas bajo tierra, otros gotearon hasta llegar a ser. Tengan la forma que tengan, su estructura cristalina puede absorber, conservar, enfocar y emitir energía.

En el corazón del cristal está el átomo, sus electrones y protones. El átomo es dinámico y está compuesto por una serie de partículas que rotan alrededor del centro en movimiento constante, de modo que, aunque el cristal pueda parecer inmóvil, en realidad es una masa molecular viva que vibra a cierta frecuencia y esto es lo que da la energía al cristal.

Las gemas solían ser una prerrogativa real y sacerdotal, los sacerdotes del judaísmo llevaban una placa sobre el pecho llena de piedras preciosas la cual era mucho más que un emblema para designar su función, pues transfería poder a quien la usaba.

Los hombres han usado las piedras desde la edad de piedra ya que tenían una función protectora guardando de diversos males a sus portadores. Los cristales actuales tienen el mismo poder y podemos seleccionar nuestra joyería no solo en función de su atractivo externo, tenerlos cerca de nosotros puede potenciar nuestra energía (cornalina naranja), limpiar el espacio que nos rodea (ámbar) o atraer riqueza (citrina).

Ciertos cristales como el cuarzo ahumado y la turmalina negra tienen la capacidad de absorber la negatividad, emiten una energía pura y limpia.

Usar una turmalina negra alrededor del cuello protege de las emanaciones electromagnéticas incluyendo la de los teléfonos celulares, una citrina no sólo te atraerá riquezas, sino que también te ayudará a conservarlas, sitúala en la parte de la riqueza en tu hogar (la parte posterior izquierda más alejada de la puerta de entrada).

Si estás buscando amor, los cristales pueden ayudarte, sitúa un cuarzo rosado en la esquina de las relaciones en tu casa (la esquina derecha posterior más alejada de la puerta principal) su efecto es tan potente que conviene añadir una amatista para compensar la atracción.

También puedes usar la rodocrosita, el amor se presentará en tu camino.

Los cristales pueden curar y dar equilibrio, algunos cristales contienen minerales conocidos por sus propiedades terapéuticas, la malaquita tiene una alta concentración de cobre, llevar un brazalete de malaquita permite al cuerpo absorber mínimas cantidades de cobre.

El lapislázuli alivia la migraña, pero si el dolor de cabeza es causado por estrés, la amatista, el ámbar, o la turquesa, situados sobre las cejas lo aliviarán.

Los cuarzos y minerales son joyas de la madre tierra, date la oportunidad, y conéctate con la magia que desprenden.

Cuarzo de la Suerte Géminis /2025

Turmalina Negra.

Actúa como un poderoso absorbente de energías como un vacío psíquico para liberar y eliminar toda la densidad, y la oscuridad de tu campo energético, y todo tu ser. Es una gran piedra para guardar en tu bolsillo cuando estes en un área llena de personas, especialmente si tiendes a absorber las emociones de los demás con mucha facilidad.

La turmalina negra puede actuar como un escudo defensivo contra cualquier energía perjudicial y cualquier manipulación mental y emocional. Te mantiene enfocado en lo que es real.

Esta piedra elimina las distracciones, ayudándote a avanzar hacia tus objetivos. A medida que trabajes con la turmalina negra, notarás que avanzas y progresas en tus objetivos, encontrando más claridad para estructurar tus días.

Puedes usarla para ayudarte a realizar tus sueños, ideas e intenciones a través de acciones diarias prácticas. Te ayuda a mantenerte racional, con los pies en la tierra, disciplinado y paciente para conseguir lo que quieres, y te ayudará a ver el panorama general del camino, dirigiéndote directamente hacia donde quieres ir.

Te ayuda a mantenerte con los pies en la tierra y ser realista, al mismo tiempo que despeja la niebla para que puedas concentrarte en los objetivos más elevados y alineados que te ayudarán a servir al propósito de tu alma.

Compatibilidad de Géminis y los Signos Zodiacales

Géminis, es un signo de aire que puede desenvolverse sin problemas entre sus amigos, fiestas y noches de rumba. Géminis está regido por Mercurio, el planeta de la comunicación, por lo que siempre puede encontrar temas interesantes para conversar

Géminis es un excelente anecdotista, y su energía dinámica y magnetismo atraen a las parejas románticas. Las personas celosas deben saber que Géminis nunca está solo, ya que siempre tiene fans y seguidores. Como Géminis expresa sus emociones externamente, le encanta conversar. Esta autoexpresión es primordial para el mellizo mercurial, por lo que necesita que todas las líneas de comunicación estén abiertas, y dispuestas a recibir información, a su geminiano.

En realidad, no le importa cómo se transmiten sus ideas, la acción de compartir sus pensamientos es más importante que lo que dice. No hay nada que Géminis desprecie más que el ocio, él está siempre ocupado. No para de hacer tejemanejes con sus múltiples entretenimientos, inclinaciones, y obligaciones sociales. Este signo de aire puede quejarse de estar sobrecargado de trabajo, pero cuando tu analizas su agenda diaria todas sus diligencias son opcionales, lo que demuestra que la agenda de Géminis no es más que el resultado de su dualidad exclusiva.

A Géminis le fascina compartir sus pensamientos e ideas, pero no sabe escuchar, se distrae con facilidad, así que es clave que te asegures que tu pareja Géminis te preste atención.

Si por casualidad ves que se aleja de la plática, no dudes en decírselo y recordarle que la comunicación es entre dos. No es fácil mantener el interés de Géminis, de hecho, él no sabe cómo mantenerse enfocado. Este signo prácticamente ya lo ha visto todo y la mejor manera de mantener su mirada fija es mantenerlo en sus pies.

Has los cambios necesarios, y no olvides que nunca debes comprometer tus valores o necesidades. A medida que conozcas a Géminis, diviértete descubriendo tu propia multi - diversidad. La técnica de seducción que funciona con Géminis es hablar, y al ser el signo más polifacético, le encantará decirte sus aficiones e intereses.

Como es tan curioso, conversar con este signo es como como mirarse al espejo, ya que tiene la maravillosa habilidad de reflejar lo que tú le digas. Esto puede parecer un extraño, pero realmente es que es la naturaleza de este signo. Salir con un Géminis es una experiencia estimulante, debes ser cuidadoso porque Géminis requiere una estimulación constante, lo que a veces dificulta conocerlo a nivel emocional profundamente. Asegúrate de sacar tiempo para sentarte y charlar con tu compañero Géminis sin distracciones, y no temas recordarle que las recepciones placenteras no son nunca tiempo perdido.

Géminis adora el sexo, para él es otra forma de comunicación. Géminis posee un apetito sexual fuerte, y para excitarlo, basta con un par de comentarios perspicaces. Cuando se trata de hablar sucio, Géminis escribió una enciclopedia, así que puedes excitarlo explicándole exactamente lo que te gusta hacer en la cama. De esta forma sentirá y analizará al mismo tiempo, una combinación que él es orgásmica.

Una de las particularidades de Géminis es la rapidez con la que puede recuperarse de los errores más devastadores. A diferencia de otros signos, él no se rige por su ego. Le gusta divertirse, así que no deja que su ego se interponga en su camino, por eso, cuando comete un error, nunca se pone a la defensiva.

Si Géminis tiene que ofrecer una disculpa lo hará inmediatamente. Aunque esta cualidad es súper respetada, no es completamente generosa. Géminis espera que tú aceptes sus disculpas con la misma prisa.

Géminis es más feliz cuando está ocupado, en cuanto su calendario se vuelve demasiado relajado, encuentra la forma de cambiar las cosas. No es que le atemorice, lo que pasa es que no le gusta aburrirse.

Todo esto puede es un reto para las parejas de Géminis. Las relaciones estables requieren mucho cuidado, y Géminis no puede ofrecerlo con facilidad, por eso cuando está en pareja, necesita asegurarse de que está priorizando sus relaciones.

Como este signo de aire está dispuesto a probarlo todo al menos una vez, pero algunas veces dos, disfruta explorando diversos aspectos de su personalidad a través de sus relaciones románticas.

Aunque que no lo proyecte, Géminis busca a una pareja serena que equilibre su espacio íntimo o familiar, ya que para modificaciones ya tiene es suficientes con las suyas. Este signo de aire está constantemente buscando con quién puede mantener una buena relación, y por esa razón siempre está divagando.

Géminis y Aries es una relación fuerte con todo tipo de dinámicas incluidas amistad, y romance. Lo mismo Aries, como Géminis disfrutan de sus errores y aprecian el ímpetu del otro. Con sus bromas, palabras en clave y diversión, Géminis y Aries sacan lo mejor del otro.
El peligro, sin embargo, es que es que ni Géminis, ni Aries son particularmente buenos para dar por terminada la noche.
En esta pareja, es importante que alguno asuma la responsabilidad. De lo contrario, puede ser difícil para

estos amantes de la fiesta cultivar una relación sana y emocionalmente sólida.

Géminis y Tauro no es una relación cómoda, pero si ambos están comprometidos, pueden conseguir una relación duradera. Tauro, con su carácter fuerte, nunca teme establecer fronteras. Géminis tiene una forma completamente diferente de ver el mundo, por lo que él no entiende la ávida exigencia de seguridad de Tauro. Sin embargo, si pueden negociar entre la permanencia y la transitoriedad, pueden educarse mutuamente lecciones inapreciables.

Si Tauro y Géminis están dispuestos a hacer cambios sustanciales para compensar las necesidades del otro, esta relación tiene el potencial de ser desafiante y entretenida.

Dos Géminis, es como una fiesta a pleno día. Se entienden profundamente, y nunca se cansan. El problema con esta pareja es que pueden carecer de perspectiva.
Para que una relación Géminis² tenga éxito a largo plazo, cada uno debe asegurarse de aprender a escuchar. Ambos tendrán muchas ideas innovadoras, pero a menos que uno de los dos esté dispuesto a ofrecer estabilidad, corren el riesgo de perder el control y matar la relación.

Géminis y Cáncer pueden construir una relación bonita si lo desean. Cáncer, tiene un enfoque de la vida muy característico porque es muy sensible e intuitivo, y necesita mucho amor, y validación para sentirse seguro. Al principio, puede parecer que el cerebral Géminis nunca podría ofrecer ese tipo de configuración, pero Géminis es flexible. Si Cáncer sabe cómo comunicar sus necesidades directamente, Géminis se esforzará para satisfacer sus requerimientos.

Las emociones profundas y la sensibilidad de Cáncer también se ven retadas por la desapego de Géminis. No obstante, si Géminis se quita la careta, ésta puede ser una pareja que vale la pena mantener.

En última instancia, aunque este relación requiere un poco de esfuerzo e inversión, estos signos pueden construir una conexión compasiva y divertida.

Géminis y Leo son el espíritu de cualquier fiesta, juntos forman una pareja eficaz y activa a la que hay que notar y escuchar. A Leo le seduce ser el centro de la acción y, no hay nada que seduzca más a Géminis que encontrar celebración.

Estos dos embajadores sociales son felices en reuniones, pero difieren en muchos puntos.
A Leo le encanta brillar ante el público, pero al final lo que busca es una relación honesta.

A Géminis, en cambio no le interesa impresionar a nadie. De hecho, a Géminis lo que le importa en alimentar sus ávidas ansias de curiosidad. Cuando Leo quiere establecer confianza, Géminis quiere divertirse.
Como resultado Leo puede apreciar a Géminis como insensible, mientras que Géminis puede frustrarse por la necesidades de Leo.
Sin embargo, a través de la comunicación, ellos pueden aprender a tener una relación basada en la búsqueda y la diversión.

Géminis y Virgo, están regidos por Mercurio, el planeta de la comunicación, por eso, comparten un entendimiento sublime y un aprecio por la expresión. Sin embargo, a pesar de esta influencia, estos dos signos tienen formas muy distintas de transmitir información. Géminis es todo evasiva, mientras que Virgo es eminentemente acceso.

Géminis es perspicaz y rápido con sus pensamientos, mientras que Virgo, es astuto analista y procesador, prefiere ideas sólo después de organizarlas apropiadamente. Como resultado, un relación entre estos dos signos requiere que trabajen fuerte para asegurarse de que comparten y se escuchan por igual.

De lo contrario, es probable que Géminis acabe monopolizando la conversación, mientras Virgo almacena un taciturno enojo hacia su camarada exorbitantemente charlatán.

Géminis, es sociable y también puede poner frenético o celoso a Virgo, sin embargo, cuando cada signo baja la guardia y decide divertirse, esta relación tiene potencial.

Entre **Géminis y Libra** existe una conexión instantánea cuando se acoplan. Ambos se alinean en cabal equilibrio. Ellos dos comparten pláticas divertidas, historias encantadores y muchas festividades fabulosas. Sin embargo, la tirantez puede surgir cuando Libra, con todo su glamour, se siente defraudado por las bromas de Géminis.

La verdad es que Géminis habla de todo con todo con cualquier persona, y Libra, es más selectivo a la hora de iniciar una conversación, algo que Géminis puede encontrar un poco presuntuoso. Sin embargo, si cada signo es capaz de acatar el enfoque del otro, la pareja puede durar mucho tiempo.

Géminis y Escorpión se desnivelan fácilmente. Géminis está demasiado ocupado por las muchas emociones de la vida como para dejarse atrapar por un drama en específico, mientras que Escorpión nunca osaría bajar la guardia a menos que supiera que se trata de una realidad.

Curiosamente, Géminis y Escorpión se sienten atraídos de una forma poderosa y seductora. A Géminis le hipnotiza lo espiritual de Escorpión, y Escorpión se preocupa con tratar de ganar el cariño de Géminis.

Al principio, la relación está estimulada por el deseo, pero una vez instituida la pareja, deben enfrentarse a algunos dificultades importantes. El ingenioso Géminis necesita libertad, mientras que el poderoso Escorpión exige una lealtad inquebrantable.

Y mientras Géminis es flexible, Escorpión se aferra a sus sentimientos, así que es importante que ambos practiquen la lectura de las modalidades del otro. Esta pareja no es fácil, pero tienen una química extraordinaria, especialmente sexual, y esto puede hacer que esta relación valga la pena todo el trabajo.

Géminis y Sagitario son compatibles, de hecho, esta pareja es una de las más dinámicas de todo el zodíaco. Estos signos son vagabundos por naturaleza y cuando se unen forman una pareja de poder increíblemente primorosa amante de la recreación.

Tienen enfoques afines de la vida y se acercan al mundo con el mismo frenesí, y optimismo. Géminis y Sagitario son narradores naturales, y la estimulación mental entre estos dos signos provoca que las neuronas se proyecten a gran velocidad.

Básicamente, se trata de un relación que no requiere mucho trabajo, pero no deben dar por garantizada su relación. Cada relación requiere confianza y compromiso, por lo que ambos deben asegurarse de no tomarse demasiadas libertades.

Circunstancialmente, el ego de Sagitario puede causar problemas, pero Géminis con sus habilidades de sugestión sabrá encauzar las circunstancias. Evidentemente Sagitario tiene mucho de qué vanagloriarse, pero debería ser más humilde.

Géminis y Capricornio, es una relación que lleva mucha dedicación. Capricornio se queda embobado ante Géminis. El signo más trabajador del zodíaco no entiende cómo alguien tan errático puede lograr tantos éxitos. Mientras Capricornio se desgasta trabajando, Géminis, como un hechicero muestra las variadas formas en que logra el éxito, dejando a Capricornio asombrado y completamente enamorado.

A través de la comunicación, estos dos pueden aprender gradualmente a entenderse mejor. Para construir una relación sana, Capricornio debe consentir a que Géminis cambie de opinión con frecuencia.

Géminis debe comunicar su proceso de pensamiento a Capricornio, para que su terrenal compañero pueda razonar los motivos de sus desproporcionados cambios de opinión. En definitiva, la dinámica de esta relación puede funcionar, pero requerirá consagración de ambas partes.

Géminis y Acuario tienen ideas semejantes. Acuario se siente muy intrigado por el perspicaz Géminis, y este por su parte, se siente encantado por la actitud inalterable y la profundamente humanitaria pasión de Acuario.

Géminis y Acuario se entienden con madurez y saben cómo agudizar la imaginación del otro con un gran diálogo. Sin embargo, Acuario es conocido por sus extremistas ideas rebeldes, lo cual, aunque maravilloso, puede molestar a Géminis, que suele preferir la familiaridad a la rebeldía. Sin embargo, a pesar de una pequeña elipse de instrucción, es fácil para estos dos aprender a estar juntos. Esta relación puede convertirse en un romance formal y duradero con el tiempo.

Géminis y Piscis tienen una relación compleja. Como Géminis está personificado por los gemelos, este signo de aire lleva su dualidad en el rostro. Por su parte, los múltiples perfiles de Piscis son menos visibles a simple vista.

El signo de Piscis representa dos peces unidos que se mueven en direcciones contrapuestas, simbolizando su relación tanto con el reino sutil, como con el terrenal.

Como ambos tienen dos caras comprenden recíprocamente su necesidad de libertad e investigación. Sin embargo, ni a Géminis, ni a Piscis se les da bien crear límites, por lo que esta pareja debe pelear mucho para poder crear una dinámica.

Piscis, es sensible y puede sospechar de los propósitos que se esconden tras la astuta sutileza de Géminis. Mientras tanto, es probable que Géminis piense que Piscis es excesivamente dramático. Para funcionar, esta pareja necesita comunicarse honestamente y sin juegos.

Géminis y la Vocación

Géminis posee una excelente agilidad mental y es muy curioso. Es un signo que sabe aprovechar las oportunidades para aumentar sus conocimientos.

Su capacidad de comunicación, y dominio de múltiples temas, se sincronizan para permitirle relacionarse con facilidad en las áreas que frecuenta.

La monotonía, no se ajusta con este signo. Tienen una necesidad de estímulo intelectual y de expandir persistentemente sus conocimientos, en diversas áreas de interés. La naturaleza impaciente de Géminis requiere cambios constantes. De no ser así, su espíritu se desalienta y destruye.

Mejores Profesiones

Géminis son personas multifacéticas. Es el signo más afable, simpático y comunicativo del zodíaco. Se adaptan mejor a carreras que tenga interacción con el público y que ofrezcan variedad. Son muy versátiles por eso son proclives a cambiar de profesión muchas veces. Periodismo, medios de comunicación en general, intérpretes musicales o teatrales, relaciones públicas, escritores y ventas.

La Luna en Géminis

La Luna no se encuentra cómoda en el signo de Géminis. Los signos del Aire no saben cómo lidiar con las emociones intensas, y Géminis específicamente se mueve tan rápido que mantener emociones profundas le resulta muy difícil.

La Luna en Géminis, se expresa habitualmente con pequeños flashes acompañados de cambios de humor repentinos.

Géminis prefiere actuar en el área de lo social y mental.

La Luna en Géminis quiere ser libre para explorar la dualidad y experimentar el rango completo de emociones, moviéndose libremente entre extremos opuestos de una situación.

Si tu Luna está en el signo de Géminis, te sentirás más seguro cuando exploras ideas novedosas y disfrutas interactuando socialmente con otros.

Géminis es un signo que funciona mejor operando en la superficie ya que no está interesado en profundizar en el mundo emocional.

Si tu Luna está en Géminis, tu zona de confort se relaciona con mantener abierto un abanico de opciones. Tu necesitas sentir que eres libre de crear tu propia opinión acerca de diferentes situaciones. Siempre te vas a sentir más cómodo cuando puedas concentrarte en asuntos más abstractos e intelectuales.

Las palabras y el lenguaje son específicamente más importantes para ti. Todas tus preocupaciones relacionadas con la seguridad involucran cómo te comunicas en cualquier situación contigo tu propia persona.

La importancia del Signo Ascendente

El signo solar tiene un impacto importante en quiénes somos, pero el ascendente es el que nos define realmente, e incluso esa podría ser la razón por qué no te identificas con algunos rasgos de tu signo zodiacal.

Realmente la energía que te brinda tu signo solar hace que te sientas diferente al resto de las personas, por ese motivo, cuando lees tu horóscopo algunas veces te sientes identificado y les da sentido a algunas predicciones, y eso sucede porque te ayuda a entender cómo podrías sentirte y lo que te sucederá, pero solo te muestra un porciento de lo que realmente pudiera ser.

El ascendente por su parte se diferencia del signo solar porque refleja quiénes somos superficialmente, es decir, cómo te ven los demás o la energía que les transmites a las personas, y esto es tan real que puede darse el caso que conozcas a alguien y si predices su signo es posible que hayas descubierto su signo ascendente y no su signo solar.

 En síntesis, las características que ves en alguien cuando lo conoces por vez primera es el ascendente, pero como nuestras vidas se ven afectadas por la manera que nos relacionamos con los demás, el ascendente tiene un impacto importante en nuestra vida cotidiana.

Es un poco complejo explicar cómo se calcula o determina el signo ascendente, porque no es la posición de un planeta el que lo determina, sino el signo que se elevaba en el horizonte oriental en el momento de tu nacimiento, a diferencia de tu signo solar, depende de la hora precisa en que naciste.

Gracias a la tecnología y al Universo hoy es más fácil que nunca saber esta información, por supuesto si conoces tu hora de nacimiento, o si tienes una idea de la hora pero que no haya un margen de más de horas, porque hay muchos website que te hacen el cálculo introduciendo los datos, astro.com es uno de ellos, pero por existen infinidades.

De esta manera, cuando leas tu horóscopo también puedes leer tu ascendente y conocer detalles más personalizados, tú vas a ver que a partir de ahora si haces esto tu forma de leer el horóscopo cambiará y sabrás porque ese Sagitario es tan modesto y pesimista si en realidad ellos son tan exagerados y optimistas, y esto se deba quizás porque tiene un Ascendente Capricornio, o porque ese colega de Escorpión siempre está hablando de todo, no dudes que tenga un Ascendente de Géminis.

Les voy a sintetizar las características de los diferentes ascendentes, pero esto es también muy general ya que estas características son modificadas por planetas en conjunción con el Ascendente, planetas que aspectan al

Ascendente, y la posición del planeta regente del signo en el Ascendente.

Por ejemplo, una persona con un Ascendente de Aries con su planeta regente, Marte, en Sagitario responderá al entorno de forma un poco diferente a otra persona, también con un Ascendente de Aries, pero cuyo Marte está en Escorpión.

Del mismo modo, una persona con un Ascendente de Piscis que tiene Saturno en conjunción con él se "comportará" de manera diferente a alguien con un Ascendente de Piscis que no tiene ese aspecto.

Todos estos factores modifican el Ascendente, la astrología es muy compleja y no se lee ni se hacen horóscopos con cartas del tarot, porque la astrología además de ser un arte es una ciencia.

Puede ser habitual confundir estas dos prácticas y esto es debido a que, aunque se trata de dos conceptos totalmente diferentes, presentan unos puntos en común. Uno de estos puntos en común se basa en su origen, y es que ambos procedimientos son conocidos desde la antigüedad.

También se parecen en los símbolos que utilizan, ya que ambos presentan símbolos ambiguos que es necesario interpretar, por lo que requiere de una lectura especializada y es necesario tener una formación para saber interpretar estos símbolos.

Diferencias, hay miles, pero una de las principales es que mientras que en el tarot los símbolos son perfectamente comprensibles a primera vista, al tratarse de cartas figurativas, aunque haya que saber interpretarlos bien, en la astrología observamos un sistema abstracto el cual es necesario conocer previamente para interpretarlos, y por supuesto hay que decir, que, aunque podamos reconocer las cartas del tarot, cualquiera no puede interpretarlos de modo correcto.

La interpretación es también una diferencia entre las dos disciplinas porque mientras el tarot no tiene una referencia temporal exacta, ya que las cartas se sitúan en el tiempo solo gracias a las preguntas que se realizan en la tirada correspondiente, en la astrología sí que se hace referencia a una posición específica de los planetas en la historia, y los sistemas de interpretación que utilizan ambos son diametralmente opuestos.

La carta astral es la base de la astrología, y el aspecto más importante para realizar la predicción. La carta astral debe estar perfectamente elaborada para que la lectura tenga éxito y se puedan conocer más cosas acerca de la persona.

Para elaborar una carta astral, es necesario conocer todos los datos sobre el nacimiento de la persona en cuestión.

 Es preciso que se sepa con exactitud, desde la hora exacta en que se dio a luz, hasta el lugar donde se hizo.

La posición de los planetas en el momento del nacimiento desvelará al astrólogo los puntos que necesita para elaborar la carta astral.

La astrología no se trata solamente de conocer tu futuro, sino de conocer los puntos importantes de tu existencia, tanto del presente como del pasado, para poder tomar mejores decisiones para decidir tu futuro.

La astrología te ayudará a conocerte mejor a ti mismo, de modo que podrás cambiar las cosas que te bloquean o potenciar tu cualidades.

Y si la carta astral es la base de la astrología, la tirada del tarot es fundamental en esta última disciplina. Igual que quien te realiza la carta astral, el vidente que te realice la tirada del tarot, será la clave en el éxito de tu lectura, por eso lo más indicado es que preguntes por tarotistas recomendadas, y aunque seguramente no te podrá responder concretamente a todas las dudas que te plantees en tu vida, una correcta lectura de la tirada del tarot, y las cartas que salgan en dicha tirada, te ayudarán a guiarte acerca de las decisiones que tomes en tu vida.

En resumen, la Astrología y el tarot utilizan simbología, pero la cuestión primordial es como se interpreta toda esta simbología.

verdaderamente una persona que domine ambas técnicas, sin duda, va a ser una gran ayuda a las personas que le van a pedir consejo.

Muchos astrólogos combinamos ambas disciplinas, y la práctica habitual me ha enseñado que ambas suelen fluir muy bien, aportando un componente enriquecedor en todos los temas de predicción, pero no son lo mismo y no se puede hacer horóscopo con cartas del tarot, ni se puede hacer una lectura del tarot con una carta astral.

Ascendente en Géminis

Si tienes Ascendente en Géminis afrontas la vida con curiosidad por todo lo que te rodea.

Posees mucha versatilidad, y por esa razón no tienes dificultad para adaptarte a cualquier situación.

En ocasiones pierdes tu enfoque con facilidad ya que te interesas por demasiadas cosas a la vez, y algunas veces no llegas a afianzar ninguna.

La pareja es muy importante para ti, si tienes el Ascendente en Géminis, ya que temes perderte en tu océano mental y necesitas a alguien que te ayude a salir de ese laberinto.

Siempre tratas de mostrar una personalidad alegre, carismática y sociable. Tienes un carisma encantador y por eso te resulta fácil ganarte a las personas.

En ocasiones puedes tener actitudes absurdas, esto es debido a que te interesas en demasiadas cosas a la vez y esto puede verse reflejado en tu actitud hacia el entorno.

Las personas con Ascendente en Géminis pueden pensar algo y a las horas pensar todo lo contrario, pero esa inestabilidad forma parte de su encanto.

Aries – Ascendente Géminis

Estas personas son muy expresivas, la iniciativa de Aries se combina con la curiosidad de Géminis. Estos individuos les gusta estar siempre intercambiando ideas.

En el área sentimental, les resulta muy fácil establecer intimidad con sus parejas, pero algunas veces pueden desestabilizar a su pareja porque son muy inestables.

En el trabajo son personas innovadoras y con mucha iniciativa. Su creatividad y la facilidad de adaptarse a todo es sobresaliente.

Es posible que se dejen llevar por la charlatanería, siendo proclives a la superficialidad.

Tauro – Ascendente Géminis

Tauro con Ascendente Géminis son personas sensibles.

En el ámbito laboral tienen intuición para los negocios y las oportunidades, saben guardar secretos e interactuar cuando es apropiado.

En sus relaciones sentimentales son personas agradables, saben cómo manejar las situaciones difíciles, pero valoran mucho su espacio, y este es un requisito básico para que sus relaciones funcionen.

Este ascendente tiene tendencia al aislamiento, sobre todo, si pasan por algún momento difícil, como una ruptura amorosa.

Géminis – Ascendente Géminis

Géminis con Ascendente Géminis es una persona que tiene reforzada las características de este signo. Son individuos con gran agilidad mental, y con una curiosidad infinita.

Son masters en la comunicación y asimilan cualquier idea con facilidad, ganando la mayoría de las discusiones donde participen. Siempre tienen muchas amistades y relaciones.

En el área laboral, les irá muy bien en un trabajo relacionado con la comunicación. No obstante, su inestabilidad puede ponérselo difícil para terminar sus proyectos.

En las relaciones amorosas no son personas serias. Son seductores, pero no tienen la constancia como para mantener algo formal.

Algunas veces hablan sin pensar, diciendo lo primero que cruza por su mente y esto ocasiona muchos problemas.

Cáncer – Ascendente Géminis

Cáncer con Ascendente en Géminis son personas comunicativas, con mucha imaginación y creativas.

Se enamoran fácilmente, pero también se desilusionan pronto. Este tipo de personas son encantadoras, pero egocéntricas, y caprichosas.

En el plano laboral, son devotos al trabajo, tienen muchas habilidades para los negocios, y son muy persuasivos.

Leo – Ascendente Géminis

Leo con Ascendente en Géminis son sociables. La versatilidad de Géminis le permite a Leo ser más flexible. Adoran viajar, conocer nuevos lugares, culturas, y pensamientos.

En el plano laboral, razonan muy rápido y son persuasivos, logrando exponer con habilidad todas sus ideas.

En sus relaciones sentimentales son unos profesionales en el arte de la seducción. Les encanta llamar la atención y que le hagan caso. No son muy dados al compromiso, ya que necesitan libertad y experimentar con múltiples parejas.

Virgo – Ascendente Géminis

Esta combinación de signos usualmente es reservada y aprecian mucho su privacidad y soledad.

En el ámbito laboral aman los desafíos, son bastante inestables, algo que también se manifiesta a la hora de iniciar una relación.

Se inclinan más por el amor platónico, es decir una relación que no conlleve un compromiso. Para ganártelos debes apelar a su lado intelectual.

Estas personas se preocupan excesivamente por su estabilidad familiar.

Libra – Ascendente Géminis

Libra con Ascendente Géminis son personas muy extrovertidas, y juveniles. En el plano laboral valoran todo lo que tenga que ver con la creatividad.

En sus relaciones sentimentales les gusta compartir su vida con alguien que disfrute, son muy fieles y usualmente sus relaciones son duraderas ya que siempre están en comunicación con su pareja.

Algunos suelen ser proclives a crearse falsas expectativas a la hora de comenzar una relación, lo que hace que tengan muchas rupturas.

Escorpión – Ascendente Géminis

Escorpión Ascendente Géminis es una de las mentes más extraordinarias. Estas personas pueden lograr todo aquello que se proponen, ya que saben cómo y cuándo activar su potencial.

En el ámbito laboral, tienen dotes de lideres, y sobresalen por su energía y eficacia. Son productivos y esto los empuja siempre al éxito.

En sus relaciones sentimentales son muy racionales, es muy difícil descifrar qué están pensando ya que son personas que no les gusta exponer sus sentimientos.

Si se lo proponen pueden ser románticos, aunque son impulsivos e impacientes.

Algunas veces son personas manipuladoras, y pueden abusar de su autoridad.

Sagitario – Ascendente Géminis

Sagitario con Ascendente Géminis son personas extrovertidas y agradables. Sin embargo, pueden tener una personalidad inestable, cambiando de gustos rápidamente. Tienen un gran sentido de la justicia y analizan detenidamente cualquier situación para siempre llegar al veredicto más imparcial.

En el ámbito laboral, siempre tienen éxito en el campo de las comunicaciones y son mediadores dentro de su empresa.

Valoran mucho a su pareja, sin embargo, esta tiene que aportarles estímulo intelectual, y brindarles conversación puesto que son personas que aman hablar.

Algunos tienen demasiadas relaciones, y no llegan a establecerse seriamente con ninguna.

Capricornio – Ascendente Géminis

Capricornio con Ascendente Géminis son personas que tienen una gran percepción y mucha responsabilidad.

En el ámbito laboral muestran mucho interés en todo aquello que hacen.

En el amor triunfan porque concentran sus esfuerzos para conquistar a la otra persona. No obstante, se les dificulta verse atraídos por alguien.

Algunas de estas personas son irónicas, lo cual les obstaculiza relacionarse.

Acuario – Ascendente Géminis

Acuario con Ascendente Géminis son personas idealistas y filosóficas. Son bondadosos y disfrutan mucho de su libertad.

En el área profesional son receptivos en cualquier actividad y sobresalen por su originalidad.

En el plano sentimental tienen facilidad para comenzar cualquier tipo de relación. No obstante, valoraran la amistad por encima del amor, y no soportan verse confinados en una relación.

Son muy excéntricos en ocasiones se exponen a peligros con tal de reafirmar su libertad.

Piscis – Ascendente Géminis

Piscis con Ascendente Géminis busca realizarse profesionalmente.

En el ámbito laboral muestran una capacidad increíble para todo, incluso de forma sincrónica.

En el amor debido a su inestabilidad, son personas difíciles para convivir. Esto es una dificultad a largo plazo. Son muy susceptibles a las palabras.

Fechas afortunadas para casarse en el 2025:

Enero 2, 10 y 25

Febrero 1, 2, 9 y 26

Marzo 5 y 6

Abril 2, 8 y 20

Mayo 2, 8 y 28

Junio 1, 6, 20 y 22

Julio 2, 3, 10 y 27

Agosto 1, 12 y 15

Septiembre 2, 20 y 24

Octubre 1, 3, 16 y 25

Días Afortunados para Rituales 2025

Enero

1 de enero: Día de Año Nuevo (Reflexión espiritual, establecimiento de intenciones) Realizar baños espirituales y limpiezas energéticas.

14 de enero: Luna Nueva en Capricornio (ideal para establecer metas y conectar la energía a tierra). Rituales para el dinero.

15 de enero: día perfecto para rituales de amor.

25 de enero: Luna llena en Leo (Enfoque en la autoexpresión y la creatividad) Rituales para la salud.

Febrero

12 febrero: Luna Nueva en Acuario (Innovación y enfoque comunitario) Rituales de amor.

19 de febrero: practicar rituales de dinero.

24 de febrero: Luna Llena en Virgo (Energía curativa, enfoque en la salud y el orden) Rituales de salud.

Marzo

2 de marzo: Luna Nueva en Piscis (Mayor intuición y sensibilidad emocional) Rituales de salud y baños espirituales.

6 de marzo: rituales de amor y salud.

14 de marzo: Luna Llena en Libra (Equilibrio, relaciones y armonía) 20 de marzo: Equinoccio de primavera, equilibrio de luz y oscuridad, energía de renacimiento)

21 de marzo: rituales de dinero.

Abril

1 de abril: Domingo de Pascua.

6 de abril: Luna Nueva en Aries (Nuevos comienzos, valentía y pasar a la acción) rituales de dinero.

14 de abril: Luna Llena en Escorpio (Transformación intensa, dejar ir viejos patrones) rituales de amor.

20 de abril: Eclipse Solar (Luna Nueva en Tauro - Manifestación de abundancia y estabilidad) rituales de dinero.

Mayo

5 de mayo: rituales de amor.

7 de mayo: Luna Nueva en Tauro (energía terrenal y de enraizamiento para la manifestación) Rituales de dinero.

14 de mayo: rituales de salud.

23 de mayo: Luna Llena en Sagitario (Aventura, búsqueda de la verdad, expansión) Rituales y limpiezas energéticas.

Junio

5 de junio: Luna Nueva en Géminis (Comunicación, aprendizaje, curiosidad) Rituales de amor.

13 de junio: Rituales de amor.

21 de junio: Solsticio de Verano. Día más largo del año, celebración de la abundancia y el crecimiento (Pagano, Wiccano, Druida). Rituales de dinero.

22 de junio: Luna Llena en Capricornio (Trabajo duro, disciplina y consecución de objetivos) Rituales de dinero.

Julio

5 de julio Luna Nueva en Cáncer (Crianza, hogar, bienestar emocional) Rituales e amor.

9 julio: Rituales para la salud.

10 julio: Luna Llena en Acuario (Rebelión, libertad e individualidad).

Agosto

5 de agosto: Luna Nueva en Leo (Creatividad, liderazgo y confianza en uno mismo) Rituales para el dinero.

12 de agosto: Pico de la lluvia de meteoros de las Perseidas (Energía poderosa para los deseos y las manifestaciones. Cualquier ritual.

14 de agosto: Luna Llena en Piscis (Espiritualidad, compasión y sueños).

23 de agosto: Eclipse lunar - (Luna Llena en Piscis) Liberación emocional, mayor intuición. Rituales de amor.

Septiembre

5 de septiembre: Luna Nueva en Virgo (Salud, organización y claridad) Rituales de salud.

10 de septiembre: Rituales de dinero.

21 de septiembre: Luna Llena en Aries (Acción audaz, coraje, inicio de nuevos proyectos) Rituales de amor.

23 de septiembre: Equinoccio de otoño. Equilibrio del día y la noche, energía de la cosecha, introspección (pagano, wiccano, druida) Limpiezas energéticas.

Octubre

5 de octubre Luna Nueva en Libra (Enfoque en las relaciones, el equilibrio y la diplomacia) Rituales de amor.

14 de octubre: Eclipse Solar - (Luna Nueva en Libra) Reajuste de la dinámica de las relaciones y la armonía interior.

20 de octubre: Rituales de salud.

23 de octubre: Luna Llena en Tauro (Enfoque en la seguridad, los valores y la estabilidad) Rituales de dinero

Noviembre

1 noviembre: Samhain (Pagano, Wiccano, Druida) - Honrar a los ancestros, muerte y renacimiento, comunicación espiritual. Rituales de dinero.

3 noviembre: Luna Nueva en Escorpio (Transformación profunda, liberación y renacimiento).

12 de noviembre: Rituales de salud.

19 de noviembre: Luna Llena en Géminis (Aprendizaje, comunicación y flexibilidad) Rituales de amor.

Diciembre

5 de diciembre: Luna Nueva en Sagitario (Optimismo, aventura y búsqueda de la verdad) Rituales de dinero.

8 de diciembre: Rituales de dinero.

21 de diciembre: Solsticio de invierno. La noche más larga, introspección, renovación (pagano, wiccano, druida) Rituales de dinero.

24 de diciembre: Luna Llena en Cáncer (Conexiones emocionales, hogar y familia) Rituales de Salud.

25 de diciembre: Navidad.

31 de diciembre: Rituales para esperar el nuevo año 2026.

Los Guías Espirituales y las Protecciones Energéticas

Los guías espirituales son extensiones de nuestro intrínseco poder de protección. Esos seres nunca están apartados de ti, porque tú no estás separado de nadie, ni de nada en el universo.

Ellos, y nosotros, somos parte de la conciencia energética divina. La diferencia entre ellos y nosotros es que los guías espirituales son una forma diferente de manifestación de la fuente divina.

Tú puedes acceder a tu poder de protección innato cuando estás conectado con tu guía espiritual. Tu protector energético puede ser tu ángel de la guarda, un ángel, un arcángel, un maestro ascendido, un dios, una diosa, o un Santo especifico, según tu afinidad espiritual.

El guía espiritual te ayuda a conectarte, y mantiene la eficacia, de tus escudos energéticos diariamente. Además, es como un guardaespaldas energético cuando tus campos energéticos se debilitan o flaquean.

En cuanto puedas conéctate con tu guía espiritual porque él está contigo siempre, solo debes darle permiso y te acompañará en todo momento.

Todos somos uno en el plano espiritual, incluidos los ángeles, los espíritus elementales, los guías espirituales y los maestros ascendidos.

Cuando tú te conectas con tus guías espirituales te estás conectando con una versión más sublime de ti, pero esos guías solo pueden ayudarte si tú les das autorización para hacerlo.

Invoca a tus guías espirituales, enfocando tu mente y concédeles el permiso para que te ayuden.

Traumas y Heridas del Pasado

Las emociones negativas generadas por los cordones energéticos que tenemos con nuestros traumas no resueltos son vampiros de energía.

Todas las experiencias traumáticas que hayamos vivido, y estén sin sanar, participan en la forma en que nos apreciamos a nosotros mismos, a las otras personas, y al entorno que nos rodea.

Los traumas tienen el poder de moldear nuestras opiniones, sentimientos y creencias. Algunas veces esas heridas se enquistan reduciendo nuestra frecuencia vibracional, y consiguen captar a individuos, o situaciones, que validan y alimentan lo que opinamos o creemos.

Autosabotaje Energético

El autosabotaje energético ocurre cuando las creencias que tenemos respecto a nosotros no se corresponden con las creencias que nuestro yo superior tiene de nosotros. Como consecuencia cuando la vida nos ofrece oportunidades para evolucionar, felicidad y abundancia, nuestro ego está siempre a la defensiva, listo a sabotearnos.

El autosabotaje energético tiende a manifestarse en forma de pretextos, justificaciones y pensamientos restrictivos respecto a nosotros, y la vida en general. Cuando nos autosaboteamos inevitablemente atraemos cordones y ataques energéticos.

Cuando eso sucede, somos proclives a autoengañarnos y condenamos a otros, o culpamos a la mala suerte.

Las personas en tu vida con las cuales tú tienes que pasar horas extras aconsejándolas y ayudándolas, pero nunca siguen tus consejos, son las víctimas clásicas para los ataques y cordones energéticos. Sus adversidades, desde su punto de vista, son el resultado de malas decisiones, opiniones negativas y creencias limitantes. Pero verdaderamente eso es el resultado de una contaminación energética de las primeras etapas de su vida.

Patrones Negativos de Pensamientos Arraigados

Los patrones de pensamientos negativos arraigados son el resultado de traumas no resueltos, o de hábitos arraigados que no sabemos cómo destruir. Esos patrones engendran emociones negativas serias que reducen nuestras frecuencias energéticas de vibración, y atraen ataduras o cordones energéticos.

No hay nada más fácil que caer en la trampa de la energía negativa. Nuestra sociedad la adula y aprueba. Siéntate solo unos minutos a ver un noticiero durante tres días consecutivos y verás como terminas convencido de que tus sueños nunca se cumplirán, que estamos al borde de una tercera guerra mundial, que tienes que tomar medicinas para todo, y que el planeta está al borde del abismo. Las series de televisión, y las películas, son el ejemplo perfecto de que habitamos en un mundo donde sobra, y predomina, la negatividad.

Cuando nuestra mente y cuerpo se adaptan a una situación molesta, o dramática, al final saboreamos el drama. Es super fácil caer en la trampa de la negatividad crónica. Todo eso ataca tu campo energético y disminuye tu frecuencia vibracional.

Limpiezas Energéticas

Debes confiar en tu intuición a la hora de elegir los métodos. Existen diferentes formas hacerlo, dependiendo del tipo de cordón, o atadura energética. Todos somos diferentes, por ende, cada cordón, o atadura energética, se manifiesta diferente en cada campo energético. No olvides utilizar tu intuición y a tu guía espiritual.

Limpieza Energética de la Energía Sexual

Uno de los cordones energéticos más fuertes se crea a partir de una relación de pareja. Ese vínculo es poderoso, porque es afectivo, e implica la activación de la energía sexual. Durante el acto sexual, nos convertimos en uno con nuestra pareja, y eso implica que heredamos su karma.

Imagínate, si una de las dos personas, o ambas en la relación, han tenido sexo con varias personas muy contagiadas con energías de otros se forma lo que llamamos nido de larvas energéticas. En ese caso se crea una carga energética potente. Si una mujer queda embarazada, y no se ha hecho una limpieza energética, o roto los cordones energéticos de otras relaciones, el niño que encarna viene del más bajo astral, o saturado, con cargas energéticas densas. Eso repercute en su calidad como ser humano.

El acto sexual tiene repercusiones en todos los cuerpos, desde el físico, emocional, mental, y hasta el espiritual. Cuando dos cuerpos se unen, ya sea por un beso, abrazo o incluso en un simple toque, se produce un trueque de energías.

La energía sexual es tan poderosa que el cordón energético se fortalece, aunque no exista la relación. Los líquidos seminales y vaginales siempre se convierten en plasmas energéticos dentro de los cuerpos energéticos, y por eso el lazo no se rompe fácilmente.

Ese tipo de cordón energético es capaz de soportar el paso del tiempo, la separación de la pareja, y la ruptura de la relación.

Desafortunadamente continuamos unidos con todas aquellas personas con quien hemos compartido nuestra cama, nuestra mesa, y nuestro cuerpo físico y energético.

Si la expareja nos odia, siempre está pensando mal sobre nosotros, o está obsesionada, recibimos a través del cordón energético pensamientos negativos, maldiciones, bloqueos, y obstáculos. Eso no solo obstaculiza la formación de una mejor relación, sino que comenzamos a atraer personas cargadas energéticamente. Es decir, cuando estamos contaminados con larvas y parásitos energéticos, tanto propias como de exparejas, atraemos relaciones con esas mismas frecuencias energéticas.

Si la relación fue solamente de intercambio sexual, la energía no sube a los chakras superiores y se estanca en el segundo chakra siendo solamente energía de intercambio sexual. Pero si existía energía de amor en la relación, la energía sube hasta el cuarto chakra, y a veces puede llegar hasta el séptimo chakra. Eso quiere decir que tu sistema energético queda contaminado totalmente.

Cuando una pareja se separa los cordones energéticos que se formaron por el amor, y la energía sexual, tienden a desaparecer gradualmente, o permanecer, creando bloqueos y eventos negativos. Esos bloqueos se alojan en nuestro campo energético, y sus síntomas trascienden al plano físico, entorpeciendo el desarrollo de nuevas relaciones, o estimulando una emoción negativa del amor, entre otros contextos.

Existen diferentes formas para anular los cordones energéticos formados por la energía sexual. Siempre es recomendable realizar una limpieza energética después de un rompimiento amoroso, o antes de comenzar una nueva relación. Esa es la única forma de eliminar todo tipo de energías residuales.

Ritual Energético para Romper Cordón Energético Sexual

Este ritual consiste en realizar un baño con sal marina. La sal posee cualidades purificantes y es un limpiador energético muy fuerte.

Te bañas normal en la ducha con tus productos de higiene personal. Después coges un puñado de sal marina en tu mano y te pasas la sal marina por todo el cuerpo, desde arriba hacia abajo, como si sostuvieras una esponja.

Visualiza la sal consumiendo toda la negatividad. Puedes cambiar la sal de mano para que puedas alcanzar todas las zonas de tu cuerpo. Es importante que hagas énfasis en tu chakra raíz, es decir es tus órganos sexuales.

Después que termines este proceso te colocas debajo de la ducha y dejas que al agua enjuague la sal para que sea diluida y arrastrada por el agua. Te secas con una toalla, preferiblemente de color blanco.

Después te sientas y enciendes una vela blanca, y la dedicas a tus guías espirituales. Les pides que te ayuden a liberarte de todas las ataduras que puedan estar perjudicándote. Cierras los ojos, y respiras profundamente, visualizando una esfera de luz blanca que te rodea. Recrea en tu mente un cordón de luz que sale de ti y te conecta con la otra persona saliendo de la zona del corazón.

Cuando ya hayas creado es imagen mental del cordón energético con tu expareja, reconoce las oportunidades de aprendizaje y perdona, si es necesario. Imagina una tijeras que cortan el cordón energético y repites:

"corto las ataduras y cualquier vínculo con **"el nombre de la persona"** y todos los cordones energéticos que nos unen, sin posibilidad de que puedan restablecerse. Te excluyo de mi vida y deseo lo mejor para tu evolución espiritual. Desde mi amada y divina presencia yo soy, invoco a la energía purificadora de la llama blanca y a todos los seres de luz de la llama blanca para que me ayuden a purificar mi energía sexual, pido transformar cualquier negatividad en luz en todas mis relaciones sexuales de esta vida, y vidas pasadas, pido purificar mi energía sexual a su perfección divina"

Cuando la vela blanca se consuma por completo botas los residuos de la cera en la basura regular.

Agradece a tus guías espirituales, ángeles, arcángeles o santos, por su apoyo en este ritual.

Algunos cordones energéticos son más difíciles de disolver. Si el método anterior no te funcionó puedes utilizar los siguientes:

Método #1. Rompiendo Cordón Energético de Energía Sexual

Este ritual debes realizarlo durante la fase de Luna Llena.

Debes conseguir un hilo de color rojo y una vela negra. Debes hacer un recuento de todas las parejas sexuales que has tenido, y pronunciar sus nombres en voz alta, uno por uno. Mientras lo haces realiza un nudo en el hilo rojo repitiendo: "Nada de ti en mí, nada de mí en ti. Arcángel Miguel, te invoco ahora. Por favor, corta los cordones energéticos de miedo que se llevan mi energía y vitalidad. Corta amorosamente con tu espada de luz los lazos que me atan a **"nombre de la persona"**.

Después tienes que quemar el hilo con la llama de la vela negra, ofreciendo pensamientos generosos por la salud y liberación espiritual de todos los nombres que acabas de decir.

Método #2. Rompiendo Cordón Energético de Energía Sexual

Coloca una fotografía tuya, de cuerpo entero, sobre una superficie plana y limpia. Rodéela con un círculo de sal marina, en una noche de Luna en la fase de Cuarto Menguante. Enciende afuera del círculo una vela blanca.

Llena de alcohol un vaso de vidrio y diluye en él una cucharada de sal marina. Escribe el nombre de tu expareja en un papel y colócalo dentro del vaso. Déjalo junto al círculo de sal marina durante siete días, y luego botas el líquido a un desagüe, y el papel a la basura.

Todo eso tiene que permanecer por espacio de una semana. Diariamente agrega una pizca de sal marina al círculo. Mientras lo haces, concéntrate en la idea de alejar de tu vida a esa persona.

Método #3. Rompiendo Cordón Energético de Energía Sexual

Realizarlo en la fase de la Luna Cuarto Menguante, si es posible un viernes.

Debes conseguir:

1 vela de color rojo, pequeña.

1 incienso de rosas.

Sal marina.

Pimienta negra molida.

Arena fina o piedras pequeñas.

Una hoja de papel.

Unas gotas de limón.

Unas gotas de vinagre.

1 bolígrafo de tinta negra.

1 frasco de cristal vacío (pequeño).

Enciendes la vela de color rojo en donde vayas a realizar el corte del cordón energético. Cuando hayas encendido la vela, enciende el incienso de rosas y pronuncia la siguiente frase en voz alta:

"Gracias Ángel de mi guarda, por permitirme realizar este hechizo. Te pido permiso y solicito que **"nombre de tu expareja"** se aleje para siempre de mi campo energético. Que su camino se separe del mío en este momento. Gracias, gracias, gracias.

Cuando esté a punto de consumirse la vela, escribes en el papel el nombre y apellidos de la persona, y por la parte de atrás de la hoja, dibujas el símbolo del infinito:

Después introduces algunos restos de cera de la vela en el frasco de cristal, las cenizas del incienso, y el papel con el nombre de tu expareja.

Introduce la sal, la pimienta y la arena, o las piedras pequeñas, y rocías unas gotas del jugo de limón y un poco de vinagre.

Cuando tengas el frasco lleno, ciérralo fuerte y entiérralo en un lugar donde haya muchas plantas.

Método #4. Rompiendo Cordón Energético de Energía Sexual

Este método es rechazado por algunos porque les da miedo. Aquí debes usar tierra de cementerio.

La tierra de cementerio, y su utilización en los cortes de cordones energéticos, es un tema controvertido porque se le asocia con la magia negra. Usualmente muchas personas relacionan la tierra de cementerio a cosas oscuras, y brujerías, porque en nuestra cultura el concepto de la muerte es muy negativo.

Es cierto que la tierra de cementerio se utiliza con el propósito de causar daños, es común que los practicantes de la magia negra, entre otros tipos de hechizos, mezclen tierra de cementerio y azufre en polvo con el pelo de un enemigo, o sustancias corporales, y le causen varias desgracias

La tierra de cementerio también se puede utilizar en rituales de magia blanca.

Debes escoger la tierra de una tumba que corresponda a una persona a la que has querido mucho. Puede ser un familiar, un amigo, o una expareja. Sino tienes acceso a ese tipo tierra puedes escoger un poco de tierra de la tumba de un niño, o de un bebé, ya que éstos representan la inocencia y el amor puro.

Coge un papel blanco y escribe el nombre de la persona con la cual quieres cortar el cordón energético, lo colocas dentro de un frasco de color oscuro, le agregas unas hojas de ruda y albahaca y la tierra de cementerio. Lo cierras y le atas por fuera un hilo rojo con 7 nudos. Después lo llevas para el cementerio y lo entierras. Cuando estes enterrándolo repites: "Pido permiso a la tierra, que se eliminen todos los cordones energéticos que me atan a esta persona. Yo quedo libre y me rodeo con el circulo protector de San Miguel arcángel".

Limpieza Energética de la Ropa

Debemos aprender también a limpiar las energías negativas de la ropa que utilizamos a diario.

En ocasiones la energías oscuras se quedan pegadas a la ropa, zapatos, joyas, y a otros objetos de uso personal.

Existen algunos elementos, y recursos, fáciles de encontrar para limpiar nuestra ropa y así evitar contaminarnos negativamente.

Usualmente no somos conscientes de que la ropa que usamos puede tener un efecto negativo en nuestros estados de ánimo, campo energético, y en los chakras.

Los colores, la fabricación y el tipo de material con los que se confeccionan las prendas que usamos para vestirnos emiten vibraciones, y ondas energéticas, que afectan nuestro campo electromagnético, e influyen en nuestras emociones.

Hay materiales específicos que atraen y trasmiten frecuencias positivas y negativas de la atmósfera, y de todo lo que nos rodea. Por esas razones muchas veces tu notas que muchas tendencias espirituales, o religiones, utilizan el color blanco, naranja, amarillo y azul. Esos colores tienen la capacidad de absorber las vibraciones positivas del universo, y repeler las negativas.

En muy importante que toda la ropa rota, vieja y gastada que tengas la botes porque ese tipo de vestimenta atrae las energías negativas.

La primera opción para purificar tus prendas de vestir es lavarlas con sal marina y vinagre, y después exponerlas al Sol. También puedes pasar por el closet de tu ropa el humo del Palo Santo o la Salvia Blanca.

Otra opción sería poner sal marina en las cuatro esquinas del closet donde guardas tu ropa, o cuatro cabezas de ajo.

No debes usar la ropa de otras personas, mucho menos los zapatos. Y si vas de viaje, donde las camas, colchones, ropa de cama, fundas de almohadas, toallas y toallas faciales de los hoteles son usadas por millones de personas, recuerda hacerte una limpieza profunda energética al regresar.

También cuando compras alguna ropa que pertenecía a otra persona, estás asumiendo la energía de esa persona que lo poseía anteriormente. Esas ropas almacenan emociones y pensamientos pesados que se pueden adherir a tu aura. Es como si tuvieras cordones energéticos conectados a esa persona y su energía. En algunos casos no hay cordón, pero su energía sigue implantada en la ropa.

Como Elevar nuestras Vibraciones Energéticas.

Definitivamente estamos al principio de una década y un nuevo ciclo. Esta etapa es muy compleja y seremos testigos de muchos sucesos que nos traerán cambios, entre ellos el de nuestra conciencia.

Mi sugerencia es que para poder fluir a favor de la corriente debemos tratar de elevar nuestro campo de energía, ya que de esta forma alcanzaremos nuestras metas a la vez que eliminamos algunas barreras.

Dentro de mis consejos el primordial es tomar conciencia de nuestros pensamientos, recordar que todos, y cada uno de ellos, nos influyen. Si en medio de un pensamiento negativo cambias a otro que te fortalece, alzas tu vibración energética y te vigorizas a ti mismo, y a tu campo energético cercano.

Practica la meditación con regularidad. Aunque solo sea unos minutos cada día mientras esperas en un semáforo, esta práctica es significativa.

Toma conciencia de los alimentos que compras. Hay alimentos de bajas y de altas energía. Los alimentos elaborados con sustancias químicas dañinas te resquebrajarán. Las sustancias artificiales, son producidas con bajas energías. Frecuentemente los alimentos de elevada alcalinidad, como las frutas, las verduras, los frutos secos, el pan sin levadura, y el aceite de oliva virgen se consideran de alta energía y reparadores de los músculos.

Los alimentos de alto porcentaje ácido, como los cereales con base de harina, las carnes, los lácteos y los azúcares se sitúan en el rango de las energías más bajas, las que nos enferman.

El alcohol, y casi todas las drogas artificiales, legales o no, reducen el nivel de la energía corporal. Además, te exponen a seguir atrayendo a tu vida más energías negativas.

Por el simple hecho de consumir sustancias de bajas energías, verás que empiezan a aparecer en tu vida personas con bajas energías. Querrán invitarte a tomar esas sustancias, divertirse contigo, y te animarán a repetir esos patrones tan nocivos.

Presta atención a la música que escuchas. Las vibraciones musicales incoherentes, monótonas y fuertes disminuyen tus niveles energéticos. Lo mismo ocurre con las letras de canciones que reflejan resentimiento, tristeza, miedo y brutalidad, porque son bajas energías que envían mensajes debilitadores a tu subconsciente, y saturan tu vida de energías semejantes.

Si quieres atraer violencia, escucha canciones con letras crueles, y esa música pasará a formar parte de tu vida. Si quieres atraer paz y amor, escucha las vibraciones musicales y las letras de canciones que manifiesten tus deseos.

Toma conciencia de los niveles energéticos del ambiente de tu casa. Los cuadros, los adornos, las frases espirituales, los libros, los colores de las paredes de tu casa, e incluso la distribución de los muebles crean una energía en la que estás sumergido durante la mitad del tiempo que pasas despierto.

Disminuye las horas frente al televisor, o en los medios sociales. Según las estadísticas, los niños ven veinte mil simulacros de asesinatos en el televisor de su casa, o internet, antes de cumplir catorce años. Las noticias se empeñan en llevarte lo infernal a tu casa y, en gran medida, se olvidan de lo bueno. Es una invariable corriente de negatividad que asalta tu espacio sagrado, y atrae otro tanto a tu vida.

El crimen es el principal componente de los programas, y los comerciales son anuncios patrocinados por las grandes corporaciones farmacéuticas que ambicionan convencerte de que se puede encontrar la felicidad en sus medicamentos. Se le dice al público que necesitan toda clase de medicinas de baja energía para superar cualquier enfermedad física o mental.

Aumenta tu campo energético con imágenes. Las fotografías son una forma de reproducción de la energía ya que toda fotografía contiene energía. Sitúa estratégicamente fotografías de momentos de felicidad, de amor en tu casa, en tu lugar de trabajo, en tu carro o en la billetera.

Coloca fotografías de la naturaleza, de animales, de expresiones de alegría y amor en tu entorno, y la energía resplandecerá hacia tu corazón y te conferirá su alta frecuencia.

Toma conciencia de los niveles de energía de tus amigos, conocidos, y de tu familia. Puedes elevar tus niveles de energía estando en el campo de energía de otras personas con una resonancia próxima a la consciencia espiritual.

Controla tus actividades y dónde se desenvuelven. Rehúye de los campos de baja energía donde haya demasiado alcohol, consumo de drogas o comportamientos violentos, así como los encuentros centrados en separaciones de tipo religioso, racial o por prejuicios.

Estos eventos influirán para que no eleves tu energía, y también para que te sincronices con la energía más baja, la que te consume.

Interactúa con la naturaleza, aprecia su belleza, ve a una caminata, a nadar, disfruta de lo natural. Asiste a lecciones sobre espiritualidad, a clases de yoga, recibe masajes, ve a centros de meditación y ayuda a los demás.

El Aura

Somos más que nuestro cuerpo físico. Tenemos otros cuerpos que viven en dimensiones paralelas, y alrededor de nuestro cuerpo, que se llama campo áurico.

El aura es una energía que está impregnada en todos los seres vivos, y su estructura está determinada por la composición de esos seres. El aura humana es la más compleja llegando a alcanzar más de un metro en torno al cuerpo físico.

Nuestra aura posee siete capas, o cuerpos, que se relacionan con los siete chacras y que se prolongan hacia fuera desde el centro de nuestro cuerpo físico. Esas capas se denominan: cuerpos físico, etérico, emocional, mental, causal, intuitivo, espiritual.

Todos poseen funciones y características propias. Todos esos cuerpos del aura ocupan el que le precede, y a la vez se expande más allá del mismo.

Por su naturaleza dinámica, el aura puede proyectar y propagar su energía hacia los objetos y entorno que nos rodean, transmitiendo y recibiendo a la vez energía entre ellos.

El aura es la que facilita percibir la energía de las personas y los lugares. Todos estamos en una permanente retroalimentación con el mundo que nos rodea. El aura es como una esponja que absorbe todo tipo de energías de las personas, y lugares, debido a sus capacidades receptivas y perceptivas.

Las energías que se impregnan en nuestra aura, sino las limpiamos, tienen la capacidad de influir en nuestros patrones de pensamientos, emociones y conductas.

Las primeras tres capas del aura metabolizan la energía relacionada con el mundo físico, y las tres capas superiores se relacionan con el mundo espiritual. El cuerpo, o capa astral, se conecta con el chakra del corazón, y transmite la energía entre el mundo físico y el espiritual.

Usualmente los ataques energéticos se manifiestan en las tres primeras capas, o cuerpos, ya que son las más influidas por nuestras experiencias y conductas.

Un ataque energético, sea consciente o subconsciente, ocurre porque el ofensor descubre una debilidad, o fragilidad, en una de las capas áuricas y trasmite energías negativas, o absorbe la energía positiva.

Los Chakras

Los chakras son centros de energías. Poseen forma de rueda y tienen ubicaciones concretas en el cuerpo. Los chacras son canales de comunicación entre el plano físico y el espiritual.

Su apariencia es similar a los pétalos de una flor de loto. Poseen diversos colores y giran a distintas velocidades, transmitiendo energía a través de los cuerpos físico, emocional, mental y espiritual. Los chakras deben estar sanos y balanceados, eso es esencial para el bienestar de nuestra mente, cuerpo y espíritu.

Cada chakra posee siete capas, que se corresponden con las siete capas de nuestra aura.

Todos los ataques energéticos, o cordones, que se peguen a tu aura tienen la capacidad de penetrar hasta el núcleo de tus chakras ya que las siete capas del aura son extensiones de tus chakras.

Los siete chakras tienen sus propios rasgos y energías, y se ubican en una parte diferente del cuerpo, pero todos están conectados entre sí.

Al estar conectados por un conducto energético, si un chakra sufre un ataque energético, impacta todo el sistema. Las adicciones, o la práctica de la magia negra, trastornan y descomponen los chakras. También si posees muchos cordones energéticos se contaminan o bloquean.

Es muy común que el aura y los chakras de los niños se afecten por la negatividad, o cordones energéticos, de sus padres. Los chakras de los niños están completamente abiertos, sin filtro protector para depurar la energía que reciben.

En la infancia estamos protegidos por los campos energéticos de nuestros padres, y esa es la razón por la que los pensamientos, patrones de conducta, emociones, creencias o sucesos de la vida de nuestros padres se trasmiten hacia nuestros chakras.

Sino te haces una limpieza energética tu evolución se entorpece y eres vulnerable a ataques energéticos. Es común ver a niños con chakras tupidos, deformes, y alterados por la suciedad, y cordones energéticos, que le trasmitieron sus padres.

Un aura contaminada es semejante a una esponja sucia de fregar rebosada de energías negativas, mugrienta, con telarañas etéricas y mucosidad áurica. Los contornos son indefinidos, las capas se juntan entre ellas, e interfieren en las tareas, y cualidades de las demás.

Calendario Lunas Llenas 2025

Luna del Lobo	sábado, 11 de enero
Luna de nieve	lunes, 10 de febrero
Luna de gusano	miércoles, 12 de marzo
Luna Rosa	jueves, 10 de abril
Luna de Flores	sábado, 10 de mayo
Luna de Fresa	lunes, 9 de junio
Luna de ciervo	martes, 8 de julio
Luna de Esturión	jueves, 7 de agosto
Luna de cosecha	viernes, 5 de septiembre
Luna del Cazador	domingo, 5 de octubre
Luna de castor	lunes, 3 de noviembre
Luna Fría	miércoles, 3 de diciembre

Limpiezas Energéticas para el 2025

Baño para Abrir tus Caminos 2025

*Debes hacer este baño la primera semana del año.

Para que el año sea positivo este baño es muy beneficioso.

Hierves Ruda, Laurel, menta, Albahaca, rompe saraguey Romero y 9 flores blancas. Cuando se enfríe le pones miel y lo mezclas con más agua en tu bañadera. Te sumerges en ese baño tan potente por 15 minutos. Cuando salgas no te seques con la toalla.

Si deseas puedes utilizarlo para limpiar tu casa u oficina siempre limpiando en dirección a la puerta principal del lugar.

*busca en Google que otros nombres tiene el rompe saraguey en tu país.

Baño para la Suerte

Este baño es especial si deseas tener éxito en algo especifico. Busca un ramo de la planta manzanilla, 2 cucharadas de miel de abeja, una rama de Canela y 2 naranjas. Hierves todos esos ingredientes y cuando se enfríe la mezcla lo echas en tu bañadera. Debes hacerlo por 3 días consecutivos.

*Escoge de estos baños los que necesites, según tu situación para que comiences el año purificado energéticamente.

Baño para Eliminar Bloqueos

En un recipiente echas 9 cucharadas de miel de abeja, Canela y 9 cucharadas de azúcar. Lo mezclas muy bien, lo dejas reposar a la luz de la Luna, y al día siguiente te bañas con esta mezcla.

Baño para Atraer la Armonía en el Hogar

Hierve una planta de Romero, clavos de Canela, y Albahaca con agua bendita o Agua de Luna. Lo pones a enfriar y le echas aceite esencial de Lavanda.

Lo echas en tu bañadera, te sumerges por 15 minutos y listo.

Baño contra la Envidia

Si deseas cortar el mal de ojo, o las envidias, debes hervir 8 limones, 3 cucharadas de miel de abeja, 3 cucharadas de azúcar, en 3 litros de agua. Cuando se ponga un poco frio lo mezclas con agua en tu bañadera y te sumerges por media hora.

Baño contra la Negatividad

Necesitas:

5 hojas de romero

Manzanilla

3 hojas de Ruda

1 hoja de albahaca,

3 ramas de Laurel

3 ramas de tomillo

Sal Marina

7 pimientas negras

Comino

1 rama de canela

1 cucharada de miel

Hierves todos los ingredientes, excepto la miel y la sal, por 5 minutos. Cuando se enfríe le echas la miel y la sal. Te das un baño con esta mezcla por tres días consecutivos y no solo alejarás las energías negativas, sino que atraerás la abundancia a tu vida.

Baño para Atraer Dinero

Necesitas:

7 flores diferentes colores

7 cucharadas de miel

Agua de mar o lluvia

Agua de 3 cocos

1 recipiente

3 gotas de tu perfume favorito

En el recipiente colocas los pétalos de las flores y el agua de lluvia o de mar. Luego agregas las gotas del perfume y el agua de coco. Mezclas todo y te bañas por una semana con esta agua mística.

Cada vez que utilices este baño espiritual repites en alta voz: Soy una persona próspera, que tiene riqueza y abundancia. Los caminos del dinero están despejados para mí y recibo todo lo que me pertenece en el Universo.

Baño contra Maldiciones

Necesitas:

4 hojas de Romero

3 hojas de Ruda

2 hojas de Laurel

1 hoja de Artemisa

Mezclas todas estas hojas con agua y lo dejas reposar una noche entera.

Al día siguiente te bañas con esta mezcla u quedaras libre de toda maldición.

Baño Afrodisíaco

Necesitas:

5 pétalos de Rosa

5 hojas o ramas de Romero

5 hojas de Tomillo

5 hoja de Albahaca

5 flores de Jazmín

Hierves todos los ingredientes y te bañas con esa agua antes de dormir, no te seque con la toalla.

Baño para Belleza

Necesitas:

5 hojas de Lavanda

5 hojas de Romero

3 hojas de Menta

1 flor de azucena

7 hojas de Tomillo

Debes machucar todas estas plantas, con un poco de agua para que se te facilite, y puedas hacer como una pasta.

Cuando te banes te lo untas por todo el cuerpo, permanece así por 15 minutos. Después te enjuagas, pero no te seques con la toalla.

Baño para Restablecer las Energías y Vitalidad

Necesitas:

9 hojas de Clavel

9 hojas de Lavanda

9 hojas de Romero

9 hojas de Albahaca

Hierves todas las hojas por 5 minutos, revuelves la mezcla a favor de las manecillas de reloj. Cuando se enfrié la utilizas. Este baño te proporciona fuerza, debes hacerlo por tres días consecutivos.

Baño para Atraer el Amor

Necesitas:

3 de pétalos de Rosas rojas

3 hojas de Menta

4 ramas de Perejil

Mezcla estos ingredientes y colócalos en tu perfume o colonia favoritos. Échatelo diariamente par que el amor llegue a tu vida.

Baño para Obtener Dinero Rápido

Necesitas:

3 hojas de Romero

2 hojas de Albahaca

Canela

3 hojas de Menta

Báñate con esta mezcla después de haberla hervido por 30 minutos. No te seques con la toalla.

Baño para Prosperidad Material

Necesitas:

3 clavos de olor

2 hojas de Perejil

1 hoja de Ruda

Báñate con esta mezcla después de haberla hervido por 30 minutos. No te seques con la toalla.

Baño para tener Paz Espiritual

Necesitas:

3 pétalos de Girasol

2 pétalos de Rosas rojas

3 Jazmín

Rocíate el cuerpo con esta agua después de haber mezclado todos estos ingredientes. No te seques con la toalla.

Baño para Protección contra la Envidia

Necesitas:

7 hojas de Romero

3 hojas de Laurel

2 hojas de Albahaca

Anís Estrellado

1 hojas de Rompe Saraguey

Báñate con esta mezcla por 5 días consecutivos. No te seques con la toalla.

Baño para Atraer el Éxito

Necesitas:

9 pétalos girasoles

9 rosas rojas

9 rosas rosadas

9 rosas blancas

2 ramas de ruda

4 naranjas

9 hojas de albahaca

1 vela dorada

1 atado de clavo de olor

1 recipiente grande

Papel Amarillo

Debes poner a hervir agua por 10 minutos y después le vas echando los componentes en este orden: los girasoles, la ruda, las hojas de albahaca, la naranja y el clavo de olor. Lo revuelves por 3 minutos, y dejas que enfríe. Antes de empezar a darte el baño enciendes la vela. Mientras te das baño le pides a tu ángel guardián que te envuelva en su luz y te abra tus caminos. No te seques con la toalla.

Finalizas envolviendo los residuos en el papel y lo dejas fuera de tu casa.

Baño para tener Suerte instantánea

Necesitas:

ruda

albahaca

romero

manzanilla

canela

miel

Debes preparar una mezcla con estos ingredientes un viernes a la hora de Venus. Los hierves por 5 minutos, y lo dejas reposar. Después te banas desde la cabeza a los pies y mientras lo haces repites en tu mente: "Tengo suerte y poder" No te seques con la toalla.

Baño para Mantener la Buena Suerte

Necesitas:

Canela en rama

8 hojas de albahaca

9 hojas de romero

9 hojas de tomillo

Hierve todos los ingredientes, después lo pones a la luz de la Luna Llena. Al día siguiente te bañas con esta mezcla. No te seques con la toalla.

Baño para Atraer el Amor

Necesitas:

Cundiamor

Albahaca

Hierbabuena

Girasol

Verbena

3 flores amarillas.

Colocas todos los ingrediente dentro de una recipiente de cristal. Déjalo expuesto al Sol y a la Luna durante tres días y tres noches. Después te das un baño con esta mezcla. No te seques con la toalla.

Baño para estar Atractivo

Mezclas en un recipiente con agua de lluvia 4 rosas, 4 azucenas, canela, cascara de manzana roja, y menta. Lo dejas expuesto por 2 noches a la luz de la Luna. Al día siguiente lo cuelas y te bañas con esta agua. No te seques con la toalla.

Baño para Recuperar un Amor

Necesitas:

7 hojas de menta.

4 hojas de mejorana.

4 hojas de naranjo

6 hojas de verbena

2 clavos de olor

Alcohol

Debes aplastar todas las plantas, extraerle el zumo exprimiéndolas. Preparas una infusión con los clavos de olor, y cuando se enfríe le añades extracto de las plantas y el alcohol. Después de tu baño normal te echas esa infusión por arriba de tu cuerpo. No te seques con la toalla.

Baño para Eliminar Mal de Ojo

Necesitas:

Agua de río

Agua de mar.

Agua de Lluvia.

Ruda

Mezclas las tres aguas con la ruda y lo hierves. Cuando se enfríe lo pones en un recipiente y te bañas por tres días consecutivos con la mezcla.

No te seques con la toalla.

Baño para Atraer Abundancia

Necesitas:

Ramas de Perejil.

Ramas de Salvia

Ramas de Rompe Saraguey.

5 rosas amarillas.

Miel de abejas.

1 vela verde

Machucas todas las plantas con agua, le agregas miel y dejas esta mezcla expuesta un día entero al Sol y a la Luna.

Lo divides en 3 partes y lo guardas en un recipiente de cristal. Enciendes la vela verde y durante tres días consecutivos te bañas con la mezcla. No te seques con la toalla.

Rituales para el Mes de Enero

Ritual para el dinero

Necesitas:

- Hielo
- Agua Sagrada o bendita
- Granos de Maíz
- Sal Marina
- 1 recipiente de barro
- Tres velas flotantes verdes
- Papel cartucho o pergamino y lápiz
- 1 aguja de coser nueva

Escribe tus peticiones acerca del dinero en el papel, después escribe tu nombre en las velas con la aguja. Para limpiar tu energía utilizarás el recipiente de barro donde colocarás el hielo y el agua sagrada, en proporciones iguales le añades tres puñados de sal marina.

Introduce las dos manos en la cazuela así estarás expulsando las energías negativas que tienes dentro de ti.

Saca las manos de adentro del agua, pero no te las seques.

Añade al recipiente un puñado de maíz y vuelves a meter tus manos por tres minutos. Lo último que harás es encender las velas con fósforos de madera y las colocarás dentro del recipiente. Con el fuego de las tres velas, quemas el papel con tus deseos y dejarás que las velas se consuman.
Los restos de este hechizo los entierras en algún lugar donde pueda darle el Sol, porque de esta forma tu deseo continuará recibiendo energías.

Hechizo para buenas energías y conseguir prosperidad

Necesitas:

– 1 hoja de papel azul

- Sal marina

- 1 vela grande plateada

- 3 inciensos de rosas

- 16 velas blancas chiquiticas

Forma un círculo en la hoja de papel con la sal. Sobre el círculo hecho con la sal, estructura dos círculos, uno con las cinco velas chiquiticas y otro más en el exterior con los once restantes. Sitúa en el medio la vela plateada. Enciendes las velas en el siguiente orden: primero, las del círculo interior, posteriormente las del exterior, y finalmente la que se encuentra en el medio. Debes encender los inciensos con la vela más grande y ponerlos en algún recipiente fuera de los círculos. Mientras realizas esta operación, visualiza tus deseos de prosperidad y éxito. Finalmente, deja que todas las velas se consuman. Los restos los puedes botar en la basura.

Ritual para el Amor

Necesitas:

- 1 Naranja

- Bolígrafo rojo

- Papel dorado

- 1 vela roja

- 7 agujas de coser nueva

- Cinta roja

- Cinta amarilla

Cortas la naranja en dos y en el medio colocas el papel dorado donde previamente habrás escrito el nombre tuyo cinco veces y el de la persona que amas con tintan roja. Cierras la naranja con el papel adentro y sujétala con las agujas de coser.

Después la enrollas con la cinta amarilla y la roja, te debe quedar entizada. Enciendes la vela roja y frente a ella colocas la naranja.

Mientras realizas este ritual repite en alta voz: "En mi corazón reina el amor, estoy unido para siempre a (repites el nombre de la persona), nadie nos separará".

Cuando la vela se consuma debes enterrar la naranja en tu patio o en un parque, preferiblemente donde haya flores.

Hechizo para Hacer que Alguien Piense en Ti

Consigue un espejito del que utilizamos las mujeres para maquillarnos y colocas una fotografía tuya detrás del espejo. Después coges una fotografía de la persona que quieres que pienses en ti y la colocas boca abajo frente al espejo (de forma que las dos fotos queden mirándose con el espejo entre ellas). Envuelves el espejo con un pedazo de tela roja y lo atas con un hilo rojo de forma que queden seguros y que las fotografías no puedan moverse. Esto debes colocarlo debajo de tu cama y bien escondido.

Ritual para la Salud

Hechizo para Conservar la Buena Salud

Elementos necesarios.
- 1 vela blanca.
- 1 estampita del Ángel de tu devoción.
- 3 inciensos de sándalo.
- Carbones vegetales.
- Hierbas secas de eucalipto y albahaca.
- Un puñado de arroz, un puñado de trigo.
- 1 plato blanco o una bandeja.
- 8 Pétalos de rosas de color rosa.
- 1 frasco de perfume, personal.
- 1 cajita de madera.

Debes limpiar el ambiente encendiendo los carbones vegetales en un recipiente de metal. Cuando los carbones estén bien encendidos, les colocarás poco a poco las hierbas secas y recorrerás la habitación con el recipiente, para que se eliminen las energías negativas. Terminado el sahumerio debes abrir las ventanas para que se disipe el humo. Prepara un altar encima de una mesa cubierta de un mantel blanco. Coloca encima de ella la estampita escogida y alrededor colocas los tres inciensos en forma de triángulo. Debes consagrar la vela blanca, después la enciendes y la pones frente al ángel juntamente con el perfume destapado.

Debes estar relajado, para eso debes concentrarte en tu respiración. Visualiza a tu ángel y agradécele por toda la buena salud que tienes y la que tendrás siempre, este agradecimiento tiene que salir de lo profundo de tu corazón.
Después de haber realizado el agradecimiento, le entregarás a manera de ofrenda el puñado de arroz y el puñado de trigo, que debes colocar dentro de la bandeja o plato blanco.

Sobre el altar riegas todos los pétalos de rosas, dando las gracias por los favores recibidos.
Después que termines de agradecer dejarás la vela encendida hasta que se consuma totalmente. Lo último que debes hacer es juntar todos los restos de vela, de los sahumerios, el arroz y el trigo, y colocarlos en una bolsa de plástico y la botarás en un lugar donde haya árboles sin la bolsa.

La estampa del ángel y los pétalos de rosa las pones dentro de la caja y ubícalas en un lugar seguro de tu casa. El perfume energizado, lo utilizas usará cuando sientas que las energías están bajando, a la vez que visualizas a tu ángel y le pides su protección. Este ritual es más efectivo si lo realizas un jueves o lunes a la hora de Júpiter o de la Luna.

Rituales para el Mes de Febrero

Ritual con Miel para Atraer Prosperidad.

Necesitas:

- 1 vela blanca

- 1 vela azul

- 1 vela verde

- 3 Amatistas.

- ¼ de litro de miel pura

- Romero.

- 1 aguja de coser nueva

Un lunes, a la hora de la Luna, escribe en la vela verde el símbolo del dinero ($), sobre la vela blanca un pentáculo y sobre la vela azul el símbolo astrológico del planeta Júpiter. Posteriormente, cúbrelas con miel y disemina sobre ellas la canela y el romero, en ese orden. Después colócalas en forma de pirámide, que la punta superior sea la vela verde, la izquierda la vela azul y la derecha la vela blanca. Al lado de cada vela colocas una amatista. Enciéndelas y pídele a tus guías espirituales o ángel de la guarda prosperidad material. Verá los formidables resultados.

Para Atraer un Amor Imposible

Necesitas:

- 1 rosa roja

- 1 rosa blanca

- 1 vela roja

- 1 vela blanca

- 3 velas amarillas

- Fuente de cristal

- Pentáculo # 4 de Venus

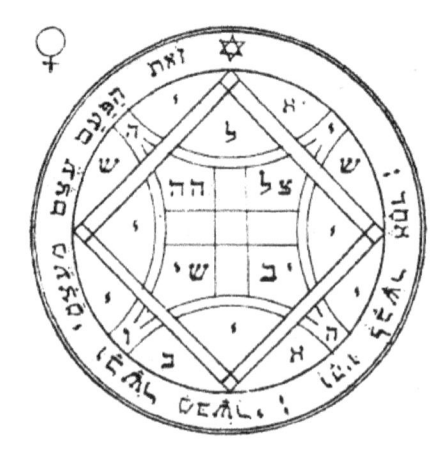

Debes colocar las velas amarillas en forma de triángulo. Escribes por detrás del pentáculo de Venus tus deseos acerca del amor y el nombre de esa persona que quieres en tu vida, colocas la fuente encima del pentáculo en el medio. Enciendes la vela roja y la blanca y las pones en la fuente junto con las rosas. Repites esta frase: "Universo desvía hacia mi corazón la luz del amor de (nombre completo)". Lo repites tres veces. Cuando se hayan apagado las velas llevas todo al patio y lo entierras.

Ritual para la Salud

Hechizo para un Dolor Crónico.

Elementos Necesarios:

- 1 vela dorada
- 1 vela blanca
- 1 vela verde
- 1 Turmalina negra
- 1 foto suya u objeto personal
- 1 vaso con agua de Luna
- Fotografía de la persona u objeto personal

Coloca las 3 velas en forma de triángulo y en el centro ubicas la foto o el objeto personal. Pones el vaso con agua de Luna encima de la foto y le echas la turmalina adentro. Luego enciendes las velas y repites el siguiente conjuro: "enciendo esta vela para lograr mi restablecimiento, invocando mis fuegos internos y a las salamandras y ondinas protectoras, para trasmutar este dolor y malestar en energía sanadora de salud y bienestar. Repite esto oración 3 veces. Cuando termines la oración coges el vaso, sacas la turmalina y botas el agua a un desagüe de la casa, apaga las velas con tus dedos y guárdelas para repetir este hechizo hasta que te recuperes totalmente. La turmalina la puedes utilizar de amuleto para la salud.

Rituales para el Mes de Marzo

Pimienta para Atraer el Dinero.

Necesitas:

- 7 granos de pimienta
- 7 hojas de ruda.
- 7 granos de sal marina gruesa
- 1 bolsita de tela roja pequeña.
- 1 cinta roja
- 1 cuarzo citrina

Inserta todos los ingredientes en la bolsita. Ciérrela con la cinta roja y déjala expuesta toda la noche a la luz de la Luna Llena. Después duerme nueve días con ella debajo de tu almohada. Debes llevarla contigo en un lugar de tu cuerpo no visible.

Ritual con Aceite para el Amor

Necesitas:

- Aceite de almendras

- 7 gotas de aceite de limón

- 7 hojas de albahaca

- 7 semillas de manzana

- 7 semillas de mandarina

- 1 pomo chiquito de cristal oscuro

Debes mezclar en una fuentecita de cristal todos los aceites con una cuchara de madera. Después agregas las hojas de albahaca y las semillas de mandarina y manzana trituradas. Dejas reposar la mezcla al exterior durante una noche de Luna Llena. Al siguiente día cuelas la preparación y la echas en un frasco oscuro de cristal con tapa. Es de uso personal.

Hechizo para mejorar la salud

Debes conseguir una vela blanca, una verde y otra amarilla.

Las consagrarás (de la base hacia la mecha) con esencia de pino y las colocarás encima de una mesa con un mantel azul clarito, en forma de triángulo.

En el centro, pondrás un pequeño recipiente de cristal con alcohol y una pequeña amatista.

En la base del recipiente un papel con el nombre de la persona enferma o foto con su nombre completo atrás y fecha de nacimiento.
Enciendes las tres velas y las dejas prendidas hasta que se consuman totalmente. Mientras realizas este ritual visualiza a la persona completamente sana.

Rituales para el Mes de Abril

Baño para la Buena Suerte.

Necesitas:

- Cazuela de metal- 3 limones triturados

- 1 cucharada de azúcar morena

- Agua de Luna Llena

Mezcla los ingredientes y durante 10 minutos hiérvelos. Luego vierte esta mezcla en agua caliente en una bañera y toma un baño de al menos 15 minutos. También puedes enjuagarte con ella si no dispones de una tina.

Ritual para Ganar Dinero.

Corta un limón por la mitad y exprime las dos mitades, dejando sólo las dos tapas. El zumo de limón no lo necesitas, le puedes dar otro uso. Introduce tres monedas corrientes dentro de una de las mitades, ciérralas y con un pedazo de cinta dorada enróllalas. Entiérralo en una maseta con una planta de lotería. Cuida la planta con mucho amor. Deja que las velas se consuman totalmente y guardas las monedas en tu cartera; estas tres monedas no las puedes gastar. Cuando el laurel y el romero se sequen las quemas y pasas el humo de este sahumerio por tu hogar o negocio.

Ritual para que solo te Ame a Ti

Este ritual es más efectivo si lo realizas durante la fase de la Luna Gibosa Creciente y un viernes a la hora del planeta Venus.

Necesitas:
- 1 cucharada de miel
- 1 Pentáculo # 5 de Venus.
- 1 bolígrafo con tinta roja
- 1 vela blanca
- 1 aguja de coser nueva

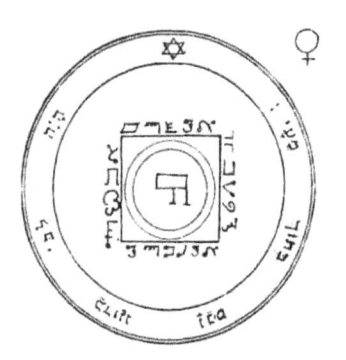

Pentáculo #5 de Venus.

Debes escribir por detrás del pentáculo de Venus con la tinta roja el nombre completo de la persona que amas y como deseas que ella se comporte contigo, debes ser especifico. Después lo mojas con la miel y lo enrollas en la vela de forma que se quede pegado. Lo aseguras con la aguja de coser. Cuando la vela se consuma entierras los restos y repites en alta voz: "El amor de (nombre) me pertenece solo a mí".

Hechizo contra la Depresión

Debes coger un higo con tu mano derecha y colocártelo en la parte izquierda de tu boca sin masticarlo o tragártelo. Después coges una uva con tu mano izquierda y lo colocas en la parte derecha de tu boca sin masticarla.

Cuando ya tienes ambas frutas en la boca las muerdes a la misma vez y te los tragas, la fructuosa que emanan te dará energía y alegría.

Afrodisiaco Africano

Debes remojar en tequila seis vainas de semillas de vainilla durante dos semanas en una botella hermética.

Agítala varias veces al día y cuando lo necesites bebe entre diez a quince gotas para estimular tu impulso sexual.

Menta

La Menta es una planta aromática y medicinal. Es popular por su beneficios, y por variedad de usos.

La Menta aporta a tu organismo proteínas, potasio, magnesio, calcio, fósforo, vitamina C, hierro y vitamina A. Además, se utiliza en el tratamiento contra el asma, para mejorar la digestión, en el cuidado de la piel, para las náuseas y los dolores de cabeza.

Esta planta contiene ácido ascórbico, por eso facilita la expulsión de la mucosidad, y actúa como antitusivo natural.

Sus propiedades mágicas han sido aceptadas desde la antigüedad. Su fama procede desde la antigua Grecia y Roma, donde se relacionaba con los dioses de la sanación y la prosperidad. Ellos decían que llevar menta en talismanes, o quemarla como incienso atraía la fortuna.

La menta en la Edad Media se usaba en los hechizos de amor, porque se creía que despertaba la pasión y fortalecía los lazos románticos.

Esta planta posee propiedades protectoras y se utiliza para crear un escudo mágico contra el mal de ojo o las brujerías. Se utiliza para alejar las energías negativas, y aumentar la capacidad de concentración.

Romero

El Romero se utiliza para tratar el vértigo y la epilepsia. El estrés y algunas enfermedades crónicas también se pueden tratar con el Romero. Es muy útil para calmar la ansiedad, depresión, y el insomnio.

El Romero posee propiedades antisépticas, antibacterianas y antifúngicas que ayudan a mejorar el sistema inmunológico. Ayuda a mejorar, y sirve para tratar las migrañas y otros tipos de dolores de cabeza.

El Romero cuando lo quemas emite poderosas vibraciones purificadoras, por eso es utilizado para limpiar y deshacerse de energías negativas.

Cuando lo colocas bajo tu almohada te garantiza sueños sin pesadillas. En los baños espirituales purifica.

El Romero se utiliza en los inciensos de amor y deseos sexuales.

El Ajo

El ajo tiene propiedades esotéricas y medicinales. Sirve como expectorante, antiespasmódico, antiséptico, y antimicrobiano.

El Ajo es un poderoso amuleto para la abundancia. Se deben colocar varios ajos sujetados con una cinta roja detrás de la puerta principal de tu casa para crear un escudo contra la escasez.

De la misma forma que la sal actúa como protector o el Vinagre como bloqueador, se ha demostrado que el ajo es el neutralizador y purificador más eficiente para las malas energías. Los magos antiguos lo recomendaban en casi todas sus fórmulas.

 El Ajo es considerado un símbolo de prosperidad y como amuleto tiene capacidad para atraer dinero.

Desde tiempos antiguos se ha utilizado para alejar los demonios, espíritus y los míticos vampiros.

Es recomendable darse un baño con dientes de ajo hervidos y colados. Esta agua se aplica sobre la cabeza y aleja los estados depresivos.

Rituales para el Mes de Mayo

Ritual para Atraer Dinero Instantáneamente.

Necesitas:

- 5 ramas de canela
- 1 cáscara seca de naranja
- 1 litro de agua sagrada
- 1 vela verde

Pones la canela, la cáscara de naranja y el litro de agua a hervir, después deja la mezcla reposar hasta que se enfríe. Vierte el líquido en un rociador (spray). Enciende la vela en la parte norte de la sala de tu casa y rocía todas las habitaciones mientras repites: "Ángel de la Abundancia invoco tu presencia en esta casa para que no falte nada y siempre tengamos más de lo que necesitamos". Cuando termines da las gracias tres veces y deja encendida la vela. Puedes realizarlo un domingo o jueves a las horas del planeta Venus o Júpiter.

Hechizo para Atraer tu Alma Gemela

Necesitas:

- Hojas de romero

- Hojas de perejil

- Hojas de albahaca

- Cazuelita de metal

- 1 vela roja en forma de corazón

- Aceite esencial de canela

- 1 corazón dibujado en un papel rojo

- Alcohol

- Aceite de lavanda

Debes consagrar primero la vela con el aceite de canela, después la enciendes y la colocas al lado de la cazuelita de metal. Mezclas en la cazuelita todas las plantas. Escribes en el corazón de papel todas las características de la persona que deseas en tu vida, escribes los detalles.

Échale cinco gotas del aceite de lavanda al papel y colócalo dentro de la cazuelita. Rocíalo con el alcohol y préndele fuego. Todos los restos debes de esparcirlos a la orilla del mar, mientras lo haces concéntrate y pides que esa persona llegue a tu vida.

Ritual para la Salud

Necesitas:

6 hojas de Romero

6 hojas de Lavanda

6 pétalos de Rosas blancas

6 hojas de Hierbabuena

1 palo de Canela

Hierves todos los ingredientes y los dejas reposar por una noche entera, si es posible a la luz de la Luna Llena.

Al día siguiente te bañas con la mezcla, no te seques con la toalla, deja que tu cuerpo absorba estas energías.

Rituales para el Mes de Junio

Ritual para Atraer más Dinero.

Necesitas:

- 3 cucharadas de té

- 3 cucharadas de tomillo

- 1 pizca de nuez moscada

- 3 carbones

- 1 cazuelita de metal con asas

- 1 cofre chiquito

Coloca los carbones en la cazuelita, enciéndelos y añade los otros ingredientes. Cuando el fuego se haya apagado, dispón los restos en el cofrecito pequeño, y consérvalo en tu habitación durante once días. Después entiérralo en una maceta o en el patio de tu casa. Este ritual deberás iniciarlo un jueves.

Ritual para Consolidar el Amor

Este hechizo es más efectivo en la fase de Luna Llena.

Necesitas:

- 1 caja de madera
- Fotografías
- Miel
- Pétalos de rosas rojas
- 1 cuarzo amatista
- Canela en rama

Debes coger las fotografías, le escribes los nombres completos y las fechas de nacimiento, las colocas dentro de la cajita de forma que queden mirándose una a la otra. Añade la miel, los pétalos de rosas, la amatista y la canela. Colocas la cajita debajo de tu cama por trece días. Pasado este tiempo extrae la amatista de la cajita la lavas con agua de Luna. La debes mantener contigo como amuleto para atraer ese amor que anhelas. El resto debes de llevarlo a un rio o un bosque.

Baño de Protección antes de una Operación Quirúrgica

Elementos necesarios.

- Campana Morada

- Agua de Coco

- Cascarilla

- Colonia 1800

- Siempre Viva

- Hojas de Menta

- Hojas de Ruda

- Hojas de Romero

- Vela Blanca

- Aceite de Lavanda

Este baño es más efectivo si lo realizas un jueves a la hora de la Luna o Marte.

Hierves todas las plantas en el agua de coco, cuando se enfríe lo cuelas y le agregas la cascarilla, colonia, el aceite de Lavanda y enciendes la vela en la parte oeste de tu cuarto de baño.

Viertes la mezcla en el agua del baño. Sino tienes bañera te lo echas encima y no te secas.

Rituales para el Mes de Julio

Limpieza del Negocio para Prosperidad.

Necesitas:
- Hojas de albahaca
- 7 dientes de ajo
- Hojas de romero
- Hojas de salvia
- 7 hojas de ruda
- 7 hojas de menta
- Orégano
- 7 hojas de perejil
- Sal marina

- 10 litros de agua sagrada o agua de Luna Llena

Hierve a fuego lento todos los ingredientes por un periodo de una hora. Cuando esté frio cuélalo y distribuye siete cucharadas de este líquido en las esquinas interiores y exteriores de tu negocio durante nueve días seguidos. Debes empezar siempre este ritual a la hora del planeta Venus o Júpiter.

Endulzamiento Gitano

Coges una vela roja y la consagras con aceite de girasol. Escribes el nombre completo de la persona que quieres mantener. Después la cubres con azúcar morena. Cuando la vela tenga bastante azúcar pegada le cortas la punta y la enciendes por debajo, es decir al revés. Mientras enciendes la vela repites en tu mente: "Encendiendo esta vela estoy encendiendo la pasión de (dices nombre de la persona) para que nuestra relación sea más dulce que el azúcar".

Cuando la vela se consuma debes enterrarla, pero antes de cerrar el hoyo polvorea un poco de canela.

Baño para la Buena Salud

Necesitas:

Canela en rama

8 hojas de albahaca

9 hojas de romero

9 hojas de tomillo

Hierve todos los ingredientes, después lo pones a la luz de la Luna Llena. Al día siguiente te bañas con esta mezcla. No te seques con la toalla.

Rituales para el Mes de Agosto

Ritual para el Dinero

Necesitas:

- Fósforos

- Incienso de sándalo

- 1 vela plateada, en forma de pirámide.

Enciende el incienso y esparce el humo por todos los rincones de tu casa. Deja el incienso prendido y enciende la vela plateada. Concéntrate en tu pedido durante un rato hasta visualizarlo. Repite la siguiente oración, tres veces: "Luna Nueva, dame fuerza para enfrentar mis problemas económicos, tú eres mi guía para hallar la prosperidad y el dinero. Recibo tu poderosa energía con agradecimiento". Después tienes que dejar que la vela, y el incienso, se consuman completamente. Puedes desechar los restos en la basura.

Hechizo para Transformarte en Imán

Para tener un aura magnética y atraer las mujeres, o los hombres, debes confeccionar una bolsita amarilla que contenga el corazón de una paloma blanca y los ojos de una jicotea en polvo. Esta bolsita debes portarla en tu bolsillo derecho si eres hombre. Las mujeres usaran esta misma bolsita, pero dentro del sostenedor (brasier) en la parte izquierda.

Baño para la Salud

Necesitas:

Agua de río

Agua de mar.

Agua de Lluvia.

Ruda

Mezclas las tres aguas con la ruda y lo hierves. Cuando se enfríe lo pones en un recipiente y te bañas por tres días consecutivos con la mezcla.

No te seques con la toalla.

Bambú

El Bambú es una planta con un gran significado espiritual, y tiene un gran valor, no solo por sus utilidades prácticas, sino también por su simbolismo espiritual. Está vinculado a la resiliencia y humildad.

El Bambú, en la cultura japonesa, simboliza la vida y la muerte ya que esta planta florece, y engendra semillas solamente una vez en su vida.

El bambú se utiliza contra el mal de ojo. Graba tus

deseos en un pedazo de Bambú y entiérralo en un lugar apartado, se cumplirán inmediatamente.

En la medicina tradicional china el Bambú es utilizado para los problemas de los huesos, las articulaciones y la piel. De los nudos del tallo del bambú se extrae una sustancia llamada "bamboosil", que es un elemento imprescindible para el buen funcionamiento de nuestro tejido óseo y la piel.

Calabaza

Los antiguos egipcios consideraban a la Calabaza un símbolo de buena suerte, los griegos afirman que las calabazas son símbolo de fertilidad y solvencia económica.

En la Edad Media, las calabazas eran consideraban símbolos de prosperidad.

Las calabazas están definitivamente vinculadas a la prosperidad, y también se consideran símbolos de regeneración. Es muy común en Oriente comer semillas de calabaza en rituales de transformación espiritual el día del equinoccio de primavera.

La calabaza ayuda a combatir las enfermedades crónicas. Las calabazas son ricas en alfa-caroteno, betacaroteno y betacriptoxantina, todo lo cual neutraliza los radicales libres, y evita que se dañen nuestras células.

El betacaroteno proporciona al cuerpo la vitamina A que necesitamos, y se ha comprobado que la vitamina A y el betacaroteno ayudan a evitar el riesgo de cataratas. La calabaza es rica en vitamina C, que aumenta los glóbulos blancos en el cuerpo.

Eucalipto

El Eucalipto tiene muchos beneficios espirituales. Es considerado una forma natural de ayudar a abrir los caminos cuando estamos con dificultades.

Su aroma, refrescante y relajante, ofrece paz interior, y ayuda a alejar las energías negativas. El olor a Eucalipto estimula la concentración, y nos ayuda a conectarnos con nuestro yo interior.

Esta planta alivia las infecciones y enfermedades respiratorias, desinfecta el ambiente ante procesos virales, reduce la inflamación en la piel, previene la resequedad de esta, y desinfecta heridas.

Es balsámico y expectorante, ya que estimula las células secretoras de la mucosa bronquial.

Si hierves las hojas de eucalipto y rocías tu casa, estarás trasmutando las energías que te rodean.

Perejil

El Perejil se relaciona con la buena suerte, protección, salud, y los rituales para atraer el dinero.

Las propiedades esotéricas del Perejil han sido conocidas desde antaño. Homero en su obra "Odisea" mencionó el Perejil.

Los griegos consideraban al Perejil una planta sagrada, y lo plantaban como condimento, y como planta de la buena suerte. Carlomagno mandó a plantarlo en los jardines de su palacio en el siglo IX, convirtiéndose en una moda en esa época.

Los griegos y romanos colocaban sobre sus tumbas coronas de Perejil, y los gladiadores lo llevaban en las batallas porque les daba astucia y fuerza.

Laurel

Desde los tiempos de los griegos y los romanos el Laurel tiene un papel importante en el mundo esotérico, y metafísico.

Los reyes, emperadores y nobles usaban una corona de laureles como símbolo de honor y fortuna ya que el Laurel en su civilización era una planta divina con la que se veneraba al dios Apolo.

El Laurel atrae el dinero, y la prosperidad a quién la posee. Esta planta también se utiliza para hacer poderosos rituales de limpiezas energéticas.

Es protectora por excelencia, y se utiliza como amuleto para ahuyentar las fuerzas negativas.

Rituales para el Mes de Septiembre

Atrae a la Abundancia Material.

Necesitas:
- 1 moneda de oro o un objeto de oro, sin piedras.
- 1 moneda de cobre
- 1 moneda de plata

Durante una noche de Luna Cuarto Creciente con las monedas en tus manos, dirígete a un lugar donde los rayos de la Luna las iluminen. Con las manos en alto vas a repetir: "Luna ayúdame a que mi fortuna siempre crezca y la prosperidad siempre me acompañe." Haz que las monedas suenen dentro de tus manos. Después las guardarás en tu cartera. Puedes repetir este ritual todos los meses.

Amarre de Amor con Albahaca y Coral Rojo

Necesitas:
- 1 Maceta con una planta que tenga flores amarillas
- 1 Coral rojo

- Hojas de albahaca
- 1 Hoja de papel amarillo
- 1 Hilo rojo
- Canela en polvo

Escribes en el papel tu nombre y el de la persona que amas. Lo doblas en cuatro partes y lo envuelves con las hojas de albahaca. Lo amarras con el hilo rojo. Lo entierras en la maceta y le colocas el coral rojo arriba. Antes de cerrar el hoyo polvoreas la canela. Todos los días de Luna Nueva le echas agua con miel.

Ritual para la Salud

Necesitas:
-1 cucharada de miel de abeja
-1 cucharada de vinagre blanco o de manzana

Durante la Luna Creciente, antes de irte a trabajar, y a la hora del planeta Júpiter o Venus, lava tus manos como lo haces de rutina. Después enjuágatelas con vinagre, derrama miel sobre ellas y enjuágatelas de nuevo, pero no te las seques, mientras haces este ritual repite en tu mente: "La Salud llegará y se quedará conmigo." Luego aplaude, enérgicamente.

Rituales para el Mes de Octubre

Ritual para Garantizar la Prosperidad

Necesitas:

- 1 Mesita redonda
- 1 Paño amarillo
- 3 velas doradas
- 3 velas azules
- Trigo
- Arroz

En un lugar apartado y tranquilo de tu hogar colocarás una mesa redonda, la cual limpiarás con vinagre. Colócale el paño amarillo. Enciende las 3 velas doradas en forma de triángulo empezando por la vela de la punta a favor de las manecillas del reloj. En el medio echa un puñado de trigo y mientras lo haces visualiza toda la prosperidad que te traerá tu nuevo negocio.

En la segunda noche colocas al lado de las velas doradas las 3 velas azules, enciéndelas y donde está el trigo echa un puñado de arroz. Concentra tu mente en tu éxito. Cuando se consuman las velas, envuelves todo en el paño amarrillo y lo entierras.

Hechizo para Someter en el Amor

Necesitas:
- 1 botella de cristal oscuro con tapa
- Uñas de la persona a dominar
- Hojas de ruda
- Canela
- 3 cintas negras
- 1 imán

Debes poner dentro de la botella las uñas, el imán, las hojas de ruda y la canela. Tapas la botella y la envuelves con las cintas negras. La entierras y cuando selles el hoyo debes orinar sobre él.

Baño con Perejil para la Salud.

Debes conseguir hojas de perejil, hierbabuena. Canela y miel. Colocas en una cazuela las plantas y déjalas que se cocinen por tres minutos, sin que lleguen a hervir.

Échales la miel y la Canela, después cuélalo. Báñate como lo haces usualmente, al finalizar el baño, te echas el agua que has preparado por el cuerpo, desde el cuello hacía abajo, mientras piensas de forma positiva en atraer mucha salud a tu cuerpo.

Limpieza Energética con un Huevo

Sobre este procedimiento existen varias opciones. Necesitas:

- 1 huevo fresco, preferiblemente blanco.
- 2 vasos de cristal con agua, uno normal, y otro más ancho.
- 1 recipiente de cerámica o cristal.
- Sal marina
- 1 vela blanca
- 1 incienso
- 1 amuleto, talismán, o cuarzo protector.

Coges un recipiente aparte, de cristal, pones agua y le echas 9 cucharaditas de sal marina. Dejas dentro los huevos que vas a usar durante un 5 minutos, y mientras tanto coges el vaso más ancho y lo llenas de agua. En ese vaso es donde vas a cascar él huevo, en su momento.

Enciendes la vela blanca, y el incienso, junto al vaso de tamaño normal, que también tienes que llenarlo con agua, y agregarle 3 cucharaditas de Sal marina, para que recoja las energías negativas que puedan resultar de la limpieza.

Te pones el cuarzo protector, amuleto, resguardo, o cualquier otra cosa que tu uses como protección mágica y energética.
Cuando estes encendiendo la vela y el incienso, pides la ayuda, y protección de tus maestros espirituales, guías,

ángeles, ancestros protectores, dioses, o santos de tu devoción.

Después coges el huevo, y lo pasas por todo el cuerpo y su contorno haciendo círculos y repitiendo:

"Así como paso este huevo por mi cuerpo, se va limpiando de malas energías, mal de ojo, envidias, y trabajos de magia negra. Que todo lo malo que voy arrastrando, vaya pasando de mi cuerpo a este huevo, y que mi aura quede libre de toda suciedad y malignidad, de obstáculos o enfermedad, y que el huevo recoja todo lo malo".

Debes acentuar los pases limpiadores en zonas concretas del cuerpo como la cabeza, la frente, el pecho, las manos, el estómago, por encima de los genitales, los pies, la nuca, la zona de las cervicales y la espalda.

Después cascas el huevo en el vaso que preparaste para eso, e intentas hacer una lectura de las formaciones que se produzcan dentro del agua. Eso debes hacerlo pasados unos minutos.

Con respecto a la interpretación lo básico es que la yema, por lo general, se vaya hasta el fondo del vaso cuando rompemos el huevo. Si se queda en el medio, o sube, es una señal negativa.

Una yema ensangrentada indica malas energías persistentes, mal de ojo, trabajos de magia negra, o maleficios. También el huevo puede ir acompañado de formaciones de varios picos ascendentes, y burbujas.

Si salen burbujas rodeando la yema hacia la parte de arriba, hay envidias y negatividad a tu alrededor, que te impiden avanzar. Eso puede estar provocándote malestares físicos, fatiga y falta de energía.

Si la yema parece cocinada, y queda muy blanca la clara, es probable que haya energías negativas poderosas acechándote en tu entorno, posibles trabajos en tu contra para a cerrarte los caminos, provocarte desgracias en tu hogar, y hundir tu vida. En ese caso específico yo enseguida mando a la persona al médico para un chequeo general.

Rituales para el Mes de Noviembre

Endulzamiento para Atraer el Dinero Rápido.

Necesitas:

- 1 billete de curso legal, sin importar el valor que este tenga.
- 1 recipiente que sea de cobre.
- 8 monedas doradas de curso legal o moneditas chinas.
- 1 ramito de albahaca seca
- Granos de arroz.
- 1 bolsa de color dorado
- 1 cinta de color amarillo
- 1 tiza de color blanco
- Sal marina gruesa
- 9 velas doradas.
- 9 velas de color verde

Dibujas un círculo con la tiza blanca, preferiblemente en el patio (sino tienes esta posibilidad hazlo en el piso de una habitación con ventanas, y que éstas puedan quedarse abiertas).

Cuando pase la medianoche debes colocar el recipiente de cobre en medio del círculo, doblar el billete en cuatro partes iguales, y lo colocarlo dentro del recipiente de cobre.

En este recipiente debes poner también la albahaca seca, el arroz, la bolsita, la cinta amarilla, y las ocho monedas. Alrededor del recipiente, dentro del círculo, colocarás las nueve velas verdes. Por fuera del círculo colocas las nueve velas doradas.

Con la sal marina realizarás un tercer círculo por fuera de las dos hileras de velas. Luego enciendes las velas de color verde, siguiendo la dirección de las agujas del reloj, a medida que repites en voz alta el siguiente conjuro: "Pido al Sol que me colme de oro, pido a la Luna que me llene de plata, y al gran planeta Júpiter, que me inunde de riquezas".

Cuando termines la invocación comienza a encender las velas de color dorado, pero esta vez en el sentido contrario a las agujas del reloj, y repites la oración anterior.

Cuando las velas se hayan consumido barre todos los residuos hacia la puerta de salida, los recoges y los pones en una bolsita de nylon. Esta bolsita la debes botar en un cruce de caminos.

El arroz, la albahaca y las siete monedas doradas las introduces dentro de la bolsita y las atas con la cinta. Esto te servirá de amuleto. El billete debes guardarlo en tu cartera o billetera.

Ritual para la Unión de dos Personas

Necesitas:
- 1 muda de ropa interior de cada persona (usada)
- 1 imán
- Palo Santo
- 8 hojas de ruda
- 2 huevos de paloma
- Agua sagrada
- 2 plumas de paloma blancas
- 1 caja de madera de tamaño mediano.
- 2 muñecos de tela chiquitos (hembra y macho)

Escribes los nombres correspondientes en los muñecos de tela. Colocas dentro de la caja las dos mudas de ropa y los muñequitos encima en forma de cruz.
Pones el imán en el centro de esta cruz. Arriba echas las hojas de ruda, las dos plumas y cierras la cajita. La salpicas con el agua sagrada y le pasa el humo del Palo Santo. La entierras al pie de una ceiba.

Limpieza Energética Chamánica

Las limpiezas energéticas chamánicas utilizan elementos indígenas como plumas, humo de plantas, o resinas. La utilización de sonidos como el tambor, maracas, sonajeros también ayudan al desbloquear los campos energéticos.
Esas limpiezas son sencillas, la persona normalmente está de pie, o sentada, aunque podría realizarse en cualquier posición. Se puede realizar en niños, animales, objetos y espacios.

Necesitas:
- 6 hojas de Romero
- 6 hojas de Lavanda
- 6 pétalos de Rosas blancas
- 6 hojas de Hierbabuena
- 1 palo de Canela

Hierves todos los ingredientes, y los dejas reposar por una noche entera, si es posible a la luz de la Luna Llena. Al día siguiente te bañas con la mezcla, no te seques con la toalla, deja que tu cuerpo absorba estas energías.

Rituales para el Mes de Diciembre

Ritual para el Flujo de Dinero en Efectivo

Necesitas:
- 2 monedas de plata de cualquier denominación
- 1 recipiente cristal transparente
- Agua Sagrada
- Sal marina
- Leche fresca
- Piedra amatista

Añades el agua sagrada y la sal marina al recipiente. Coloca las monedas dentro del agua, y repites en tu mente: "Te limpias y purificas, me haces próspero". A los dos días extraes las monedas del agua, te diriges al jardín, y haces un hoyo y entierras las monedas y la amatista. Si no tienes jardín, entiérrelas en algún lugar donde haya tierra. Cuando hayas enterrado las monedas, antes de cerrar el hueco derrámale encima la leche fresca. Piensa la cantidad de dinero que deseas obtener. Una vez expresados tus deseos, puedes tapar el hoyo. Trata de ocultarlo lo mejor posible para que nadie vuelva a cavar ahí. A las seis semanas, desentierra las monedas y la amatista, tenlas contigo siempre como amuletos.

Hechizo para Separar y para Atraer

Necesitas:

- Amoníaco

- Vino rojo

- Miel de abeja

- Bálsamo tranquilo.

- Vaso de cristal

- Copa de cristal.

Para separar debes colocar el nombre de la persona que quieres alejar adentro de un vaso con amoníaco. Este vaso de cristal lo mantienes en alto hasta que se seque.

Para unir colocas dentro de una copa de cristal vino rojo, miel de abeja, bálsamo tranquilo y un papel con tu nombre completo escrito y en cima el de la otra persona. Dejas esta copa por cinco noches delante de una vela amarilla. Cuando pase este tiempo bota todos los restos en un rio.

Hechizo para Incrementar tu Salud

Necesitas:

- 3 velas blancas

- 2 velas naranjas

- 4 naranjas (frutas)

- 1 aguja nueva de coser

- Fósforos

Empieza este hechizo un Domingo a la hora del Sol. Coges una vela blanca, y con la aguja escribes tu nombre en ella. Cortas la naranja, cómete un pedacito. Enciende tu vela, y repites en tu mente: "Conforme me como esta fruta, ingiero el poder de Ra" Dejas que la vela se consuma.

Repites este ritual de la misma forma y a la misma hora los dos domingos siguientes. El último domingo del mes el ritual tiene una pequeña diferencia.

Coges las dos velas naranjas, y las sostienes en dirección al Sol saliente mientras repites: "Poderoso Ra, que perduren estas velas con tu poder" Enciendes las velas, y junto a ellas colocas una naranja totalmente pelada. Levantas la naranja, y repites: "Con esto conecto tu poder con el mío". Dejas que las velas se consuman.

¿Qué es una Limpieza Energética?

Las Limpiezas Energéticas consisten en limpiar nuestro campo energético y protegerlo. Muchas veces nuestras energías se contaminan porque todos, y todo, incluidos nuestro hogar y lugar de trabajo, estamos en peligro de ser víctimas de las influencias energéticas nocivas que se liberan en el mundo de hoy.

Las carencias psicológicas de las personas, el empleo incorrecto de las energías internas, la magia negra que personas malvadas con poder utilizan negligentemente, los ataques de los que están disgustados con nuestros triunfos, los rencores, y la envidia, son factores que provocan vibraciones energéticas negativas. Todos son perjudiciales no solamente para los seres humanos, sino también para los animales.

Si nunca te has hecho una limpieza espiritual o energética probablemente tu energía está contaminada por múltiples cordones energéticos y sea vital purificarla.

Un obstáculo común para poder eliminar las energías negativas consiste en que casi todo el mundo tiene una idea errónea sobre el concepto de energía. En el universo todo es energía, la vida en todas sus formas depende de la energía, y en todos los procesos fundamentales está implicada la energía.

La energía es la capacidad de crear cambios y transformaciones. La energía puede exteriorizarse como energía potencial, que es la energía acumulada, o como energía cinética, que es la energía en movimiento. Estas dos formas de energía son susceptibles de ser intercambiadas de manera equivalente, una por la otra. En otras palabras, la energía potencial liberada se transforma en energía cinética, y ésta cuando se almacena se convierte en energía potencial.

La energía ni se crea, ni se destruye, sólo se transforma. Todos los seres humanos, animales, vegetales o minerales tienen la capacidad de irradiar energía, y transmitirla, a la vez que consumen la energía de los demás.

Los seres humanos intercambiamos energía constantemente con otras personas, o con el entorno en donde vivimos, o permanecemos por horas. Nosotros somos capaces de producir energía con nuestros pensamientos y sentimientos.

Nuestros pensamientos una vez que son formulados se transforman en situaciones, y eventos que se ajustan a esos pensamientos. Es decir, se trasmutan en una energía productora de nuestra realidad. Todos nosotros construimos nuestra realidad a partir de nuestras creencias.

Estas creencias moldean nuestras formas futuras de pensamiento.

Somos torres receptoras y transmisoras de pensamientos, y al igual que una antena receptora de radio o televisión, captamos con lo que estamos sintonizados.

Los tipos de energías, positivas o negativas, que irradiamos, o absorbemos, las caracterizan en un momento preciso. Es decir, las energías que se manifiestan poseen el potencial de transformarse. Una energía positiva puede transformarse en negativa, al igual que una energía negativa puede convertirse en positiva.

Algunas veces las personas con bajas vibraciones energéticas pueden experimentar bloqueos de energías. Existen diferentes tipos de bloqueos, algunos son visibles, es decir son fáciles de encontrar. Otros son muy fuertes y pueden dañar tu vida y arrastrarte a la oscuridad.

Tipos de Bloqueos Energéticos

Bloqueo Áurico

Los bloqueos áuricos se producen en el aura de las personas debido a la distorsión de energías. Estos bloqueos surgen debido a que la energía se atasca.

Otra causa común es debido a las energías negativas externas que penetran el aura. Algunos ejemplos son las huellas, implantes y cordones energéticos etéricos productos de la magia negra, o magia roja.

Cuando hay un bloqueo en el aura, pueden aparecer síntomas relacionados con la energía que ha provocado el bloqueo, o con el lugar donde este se encuentra.

Bloqueo de los Chakras

Los chakras forman parte de tu campo energético. La energía fluye a través de tus cuerpos energéticos y hacia tu cuerpo físico a través de los chakras. Existen siete chakras fundamentales en el sistema energético. Cada uno posee diferentes manifestaciones para mostrar un bloqueo energético.

Chakra de la Raíz, está localizado en la base de la espina dorsal y se relaciona con la supervivencia. **Chakra Sacro**, se encuentra en el bajo abdomen. Está vinculado a las emociones y al amor físico. **Chakra del Plexo Solar**, se encuentra en el abdomen y se asocia a el poder personal, la disciplina y el autocontrol. **Chakra del Corazón**, se encuentra en el centro del pecho. Está relacionado con el amor. Se relaciona con la alegría, la paz, la esperanza y la buena suerte. **Chakra de la Garganta**, se encuentra en el área del cuello. Está asociado con la comunicación y la creatividad. **Chakra del Tercer Ojo**, se encuentra encima de los ojos, entre las cejas. Se relaciona con la clarividencia, la intuición, la imaginación y la percepción. **Chakra de la Corona**, se encuentra en la cabeza. Está relacionado con el conocimiento y con la transformación espiritual. Conecta los cuerpos físico, emocional, mental y espiritual.

Cuando hay un bloqueo en uno de los chakras, afecta todo el sistema de chakras, perjudicando tu salud física y mental. Un chakra bloqueado trastorna la actividad de todo tu sistema energético ya que limita tu capacidad de transmitir y atraer energía.

Bloqueo Emocional

El bloqueo emocional es uno de los más complicados ya que se produce en varios cuerpos energéticos simultáneamente. Se localiza principalmente en la capa emocional del campo áurico.

Cuando se genera un bloqueo en el cuerpo emocional se afectan repentinamente los chakras, fundamentalmente al chakra sacro y los meridianos. Las capas áuricas se conectan entre ellas, lo que significa que la energía tiene que pasar por unas capas para llegar a las otras. Si una capa se bloquea, la energía no puede circular hacia todos los puntos centrales del cuerpo.

Bloqueo Mental

El bloqueo mental sucede en el cuerpo mental, una de las siete capas áuricas. Todos los bloqueos en la capa mental afectan a tu mente subconsciente.

El subconsciente es responsable del 90% de nuestros pensamientos diarios, sin embargo, regularmente no es consciente de que está generando esos pensamientos. Por esa razón es muy fácil que se origine un bloqueo mental y no lo sepas. Un bloqueo en la capa mental induce a un bloqueo en la capa emocional. El típico caso de cuando existen patrones de pensamientos negativos.

Bloqueo de los Meridianos

Los meridianos son como pequeños cables que transportan la energía de las capas energéticas en la capa física. Cada meridiano posee características específicas. Al producirse un bloqueo de los meridianos se afecta todo tu campo energético. Muchas veces las emociones causan bloqueos en los meridianos, es decir la energía emocional se queda estancada en el meridiano.

Bloqueo Espiritual

El bloqueo espiritual se puede producir en varios lugares, incluso simultáneamente. El cuerpo espiritual es el más vulnerable a las malas energías, y es proclive a absorber diferentes tipos de energías oscuras.

Esas energías de baja vibración incluyen ataques psíquicos, huellas energéticas, larvas e implantes. Cuando sucede ese tipo de bloqueo se produce un desgarre áurico, y es cuando la persona está más propensa a enfermarse porque no tiene protección.

Bloqueo en las Relaciones

Los bloqueos psíquicos suceden debido a tus relaciones personales. Este es uno de los bloqueos más difíciles de diagnosticar, y sanar, ya que usualmente se manifiesta en diferentes puntos dentro de nuestro sistema energético. Los bloqueos en las relaciones acostumbran a encontrarse en los cuerpos energéticos emocional y mental.

Bloqueo de Vidas Pasadas

El bloqueo de vidas pasadas sucedió en otra vida, pero afecta tu realidad actual. Este bloqueo proviene de acciones del pasado, e incluye contratos del alma, cordones energéticos familiares, recuerdos o, maldiciones generacionales.

Existen diferentes señales que te dejan saber cuándo tienes, o estás desarrollando algún tipo de bloqueo, y se está interrumpiendo tu flujo de energía. Entre ellas encontramos: patrones de pensamientos negativos, tendencias autodestructivas, estrés, ansiedad, falta de energía, sensación de aturdimiento, sentirse atascado, sentimientos y comportamientos erráticos, pérdida de decisión, de motivación y dirección.

Ataques Energéticos

Los ataques energéticos son muy nocivos ya que usualmente dejan una huella energética permanente infiltrada en nuestra aura. Las causas comunes incluyen magia negra, magia roja, magia azul, maldiciones, y envidias. Ese tipo de ataques poseen una vibración de baja frecuencia, y como son energías tan oscuras, pueden causar daños a nuestra salud.

La mayoría de las veces los ataques energéticos son causados por energías manipuladas por otra persona, entidad, o espíritu. Es el caso cuando te mandan una brujería, es decir eres víctima de la magia negra.

También se produce un ataque energético cuando te rodeas de vampiros energéticos. Esas son un tipo de personas que se alimentan de tu energía absorbiendo tu alegría, tranquilidad y estados de ánimos, y pueden ser parte de tu entorno.

Hay vampiros energéticos, que se roban la energía de los demás sin tener la intención de hacerlo. Esos también están en la categoría de Ataque Psíquicos. Son personas que nunca aprendieron a manejar correctamente su propia energía, y por ende acostumbran a tomar la de los demás para cubrir sus reservas energéticas.

Al principio, son débiles, hasta que lentamente aprenden a nutrirse de otros, y a partir de ese momento se invierte el patrón siendo ellos los que están más energéticos, y nosotros los demás débiles.

Las personas que son vampiros energéticos acostumbran a acercarse a nosotros para contarnos sus problemas continuamente, les encanta hacer el papel de víctimas, buscando que sintamos lástima por ellos. También existen otros que te atropellan sin piedad.

La mayoría de las veces nosotros somos conscientes de la forma en que nos sentimos cuando interactuamos con los vampiros energéticos, pero por rutina, cortesía o tacto, dejamos que nos asalten emocionalmente y drenen nuestra energía.

Los vampiros energéticos existen, son una realidad. Quizás no sean nocturnos, no lleven una capa de color negro y no presuman de una sonrisa afilada, pero están ahí, a nuestro alrededor, alimentándose de la energía de los demás.

Tal vez se hallen en tu entorno de trabajo, en tu grupo de amigos o entre los miembros de tu familia. Cualquiera persona puede ser un vampiro energético, y lo más seguro es que ni siquiera sea consciente del mal que le hace a los demás. Él sólo percibirá que tras hablar contigo se siente mejor, reconfortado, mientras que, a ti, en cambio, te drena. El intercambio de energía nunca es equitativo con uno de ellos. Él toma, sin pedirte permiso.

Es muy importante aprender a priorizar nuestras necesidades y respetar nuestro tiempo. La solución no es cortar la relación con las personas que queremos, o apreciamos, sino aprender a mantener la distancia cuando el vampiro energético en cuestión nos avasalle.

Otra forma que se pueden producir los ataques psíquicos es a través de las larvas energéticas. Estas larvas se alimentan de la energía vital de la persona, y en algunos casos pueden generar enfermedades incluidas el cáncer, y la esquizofrenia. Hay una hipótesis oculta que plantea que las "infecciones astrales" pueden generar enfermedades oncológicas. Puede ser que por esta razón algunos médicos no encuentren ninguna enfermedad concreta en los casos del "síndrome del cansancio crónico".

Los parásitos, o larvas energéticas, son los llamados espíritus, fragmentos astrales, magia negra, Vodoo, magia azul, magia roja, energías telúricas, o cordones energéticos, que se han adherido a una persona por diferentes medios.

Esas larvas energéticas viven en un plano astral que tiene una densidad vibracional más sutil a la que conocemos, por eso se llama bajo astral.

Esos parásitos energéticos interactúan con nuestro entorno desapercibidamente ya que nuestros cinco sentidos son muy limitados. Solo pueden ser vistos o sentidos por la personas que tengan la capacidad de clarividencia, u otro nivel de conciencia, pero todos se alimentan de energías negativas.

Dependiendo del tipo de larva energética avivará más un tipo especifico de sentimientos. Puede darse el caso de que estemos más irascibles, deprimidos, ansiosos, o furiosos. Llegado a esos estados vamos a comenzar a frecuentar lugares donde esos estados anímicos se tripliquen.

Se han dado casos de personas que tienen parásitos energéticos que de pronto han comenzado a querer frecuentar cementerios, casas abandonadas u hospitales sin razón aparente, por poner algunos ejemplos.

Algunas veces nos envían parásitos energéticos o espíritus para hacernos daño. El arquetipo depende de la cultura o religión. Los más populares son los que se conocen como demonios.

Esas entidades se alimentan del miedo, y provocan estados de pánico y terror para aumentar sus energías. Todos somos susceptibles a este tipo de parásitos energéticos, pero hay algunos que divagan y se alojan en personas que tienen el carácter débil.

Si un niño es la víctima, ese parasito energético tratará de ser su amigo y jugará con él, hasta que obtenga la fuerza necesaria para comenzar a mostrarse. Si la víctima es un adulto, esa entidad se alimentará y aumentará su capacidad energética a través de maniobras complejas, y rebuscadas, para alimentar el miedo de la persona poseída.

Cuando tenga suficiente energía, comenzará a ser visible, y empezará a mostrarse como sombras. Esas sombras al principio serán esquivas, pero después se tornarán desafiantes y se mostrarán sin moderación. Sombras sin rostro, opacas y con rasgos oscuros, garras, cuernos, u otras figuras que se relacionan con los demonios.

Cuando ese parásito tenga fuerzas, y energías suficientes, tratará de comprobar su poder e influencia sobre su víctima iniciando el control mental hasta tomar el dominio total sobre el cuerpo de la víctima escogida, lo que usualmente llamamos posesión.

Las personas fallecidas allegadas a nosotros pueden convertirse en larvas energéticas, aunque cuando roban energía no lo hacen a conciencia como los anteriores.

Las personas al fallecer se apegan a su realidad y rechazan separarse de ella, crean contextos mentales que les impiden salir de ese estado de ensueño continuo. Esas personas fallecidas cohabitan con nosotros y muchas veces no se percatan de nuestra presencia. Ellos ignoran dentro de su condición y nosotros pasamos inadvertidos en su entorno.

Eso es lo que normalmente debería suceder, pero en ocasiones esos difuntos empiezan a darse cuenta de que existimos, y comienzan a interactuar con nosotros en vano porque nosotros no estamos preparados a nivel intuitivo para percibirlos.

Cuando comienzan a esforzarse por hacer ver y notar su existencia, utilizan mucha energía, la cual obtienen a través del contacto con esas personas que están vivas.

Cuando las personas fallecidas se dan cuenta que pueden obtener esa energía, dentro de su estado inconsciente, comienzan a generar estilos parasitarios y se adhieren a un ser vivo con tanta fortaleza, que esa persona empieza a somatizar toda la presión que realiza el ser fallecido sobre él. Eso se puede manifestar en forma de enfermedades o estados depresivos.

La única forma de limpiarnos de esas energías es pidiéndole a nuestros seres de luz, o guías espirituales, que el ser fallecido continúe su camino y regrese a donde debe estar.

Esos parásitos energéticos se pueden alojar en el cuerpo físico, en la zona de cabeza, en las parte dorsal, lumbar y sacra de la espalda. Manifestándose su presencia con dolores espalda, cansancio excesivo, problemas para dormir, pesadillas, visión opaca, la sensación de tener un peso extra sobre la espalda, ansiedad, depresión, estrés, cansancio, intento de suicidio, y abuso de sustancias adictivas.

Existen también algunos factores de riesgos por los cuales esos parásitos energéticos, o larvas astrales, pueden surgir como sucede cuando algún evento imprevisto, como la muerte de un familiar cercano sucede, exposición a energías telúricas, pensamientos negativos, relaciones tóxicas, y estrés, etc.

Lo recomendable es siempre estar protegido para no ser víctima de esas energías de baja vibración, y proteger nuestro campo áurico, y rechazar cualquier atadura energética.

Cordones Energéticos

En la vida estamos expuestos a diferentes tipos de cordones energéticos que nos contaminan e interfieren en nuestra forma de pensar, y actuar. Los cordones energéticos son ataduras energéticas que tenemos con otras personas, ciudades, cosas, opiniones o vidas pasadas, y también vínculos que otras personas tienen contigo.

En ocasiones algunas de estos cordones energéticos provienen de vidas pasadas, o el tiempo intermedio entre esas vidas.

Esos cordones energéticos nos pueden afectar de forma positiva, o negativa, eso depende de la calidad de esas relaciones. Cuando una relación entre dos miembros, o elementos, es positiva, el intercambio energético que se realiza es beneficioso. En los cordones energéticos de relaciones tóxicas la energía que se está intercambiando es muy nociva, por eso afectan nuestra vibración energética de forma negativa.

Desde la perspectiva del campo etérico esos cordones energéticos tienen el aspecto de lazos, a través de ellos se unen cada extremo de las partes y favorecen ese intercambio de energías.

Algunas veces esos cordones energéticos son tan tóxicos que resulta extremadamente difícil zafarse, o protegerse de ellos. Ese tipo de cordones energéticos son vínculos dañinos que hemos cultivado con el tiempo y el esmero que dedicamos a fomentar las relaciones con otras personas, ciudades, casas, objetos, credos, dogmas, religiones y otras vidas.

Mientras más larga es la relación más fuerte es el cordón energético, y más difícil es romperlo.

Existe un tipo de cordón energético que se desarrolla con las personas con las que hemos tenido relaciones sentimentales. Específicamente si la relación fue estable y por mucho tiempo, cuando la relación se termina esos cordones energéticos son potentes y tóxicos.

Esos cordones energéticos, que en el pasado fueron fuente de transmisión de emociones y sentimientos positivos de amor, se convierten en canales para transferir el rencor hacia la otra persona.

El cordón energético es más tóxico y estresante si la ruptura fue dramática, o hubo traición. No importa si no te comunicas con esa persona, esos tipos de cordones energéticos se mantienen activos, y sino los eliminas pueden absorber, o contaminar, tus energías.

Cuando tenemos sexo con otra persona, aunque el encuentro sea breve y casual, también creamos cordones energéticos. En todos los contactos que tengamos a nivel íntimo, o emocional, intercambiamos energía. Quizás los cordones energéticos no sean tóxicos, pero de todas formas le estás dando a esa persona acceso a tu campo energético, y como consecuencia te pueden robar tu energía.

Si el encuentro sexual es contra tu voluntad, como sucede en los abusos sexuales, se crea un cordón energético tan fuerte que imposibilita que la víctima sane.

Existen una amplia diversidad de cordones energéticos relacionales que son dañinos. Los fundamentales son los vínculos actuales con miembros de la familia, antepasados, amigos y conocidos, parejas y amantes, desconocidos, mascotas, lugares, creencias y vidas pasadas.

Los cordones energéticos se vuelven tóxicos cuando la relación se quebranta, específicamente cuando existe codependencia manipulación, narcisismo, control, y juegos de poder.

En otras ocasiones los cordones energéticos tóxicos no se relacionan con personas con quienes tenemos una verdadera amistad, sino con personas que aparentan ser amigos y verdaderamente lo que son envidiosos y te roban tus buenas energías.

Esos son los supuestos amigos que se acercan a ti con el objetivo de fastidiarte con sus dramas, que nunca se preocupan de cómo tú te sientes, que siempre te están pidiendo consejos, y que requieren tu atención, y apoyo día y noche. Después de interactuar con ellos, te sientes drenado, y con el ánimo por el piso.

Siempre antes de eliminar ese tipo de cordones energéticos debes con honestidad preguntarte los motivos por los que permitiste que ese tipo de personas entrara en tu vida.

En ocasiones los cordones energéticos se adhieren a nuestra aura cuando nos cruzamos con personas desconocidas por la calle, o al conectarnos con otros a través de las redes sociales, a pesar de que jamás hayamos tenido una relación física con esas personas.

No obstante, los cordones energéticos que se forman con extraños son débiles y es más fácil romperlos.

También existen **cordones energéticos de grupo** que unen a dos, o más personas, que han compartido experiencias, como es el caso de los amigos, parejas, o con los compañeros de las escuelas.

La dinámica de los cordones energéticos de un grupo refleja la calidad de las relaciones de este. Además, cada integrante del grupo posee a su vez varios cordones energéticos que se despliegan a otros grupos mucho más pequeños dentro del cordón energético del grupo principal.

Comúnmente muchos cordones energéticos de grupo se componen de un cordón energético principal que tiene control sobre otros individuos. Un ejemplo seria como cuando un grupo depende de un líder, un maestro, o director de una escuela.

La estructura de los cordones energéticos de grupo es similar a un tejido con diversos enlaces. Las secuencias energéticas determinan el tipo de relaciones y el intercambio de energía entre sus integrantes.

Los cordones energéticos grupales tienen la capacidad de proporcionar una extraordinaria fuente de soporte energético, si la dinámica del grupo es íntegra y saludable. En el caso que la relación del grupo este deteriorada, o cuando varios miembros tienen tensiones entre ellos, esto puede afectar negativamente la energía colectiva del cordón energético del grupo, e inducir a un ataque energético interno masivo.

Conjuntamente con los cordones energéticos que se crean entre los seres humanos, existe la posibilidad de que también tengamos cordones energéticos con animales que han sido nuestras mascotas. Esas relaciones son igual de fuertes que las que se establecen entre los humanos, inclusive más. Usualmente esas relaciones no son tóxicas, pero si nos causaron algún daño físico, o tuvimos una dependencia emocional con esas mascotas, el cordón energético se vuelve tóxico y afecta nuestro bienestar.

También podemos desarrollar cordones energéticos con países, capitales y casas en los que hemos residido. Esos cordones energéticos pueden ser positivos o negativos. La calidad del cordón energético depende de la relación que hemos tenido con esos lugares.

No importa lo lejos que te encuentres de una ciudad, o un país, las energías de ese lugar, y los eventos negativos que experimentaste, te seguirán afectando, a no ser que cortes los cordones energéticos negativos.

Con frecuencia muchas personas tienen contratos kármicos que han firmado en vidas pasadas, e incluso pactos con espíritus, que permanecen con ellos en esta vida presente. Esos contratos kármicos pueden verse en forma de ataduras y nudos etéricos en varios puntos de sus campos energéticos.

Frecuentemente son contratos de pobreza, y sufrimientos debido a experiencias traumáticas. Regularmente las personas que tenían habilidades clarividentes en otras vidas, pero sufrieron represalias por eso, tienden a negar sus capacidades intuitivas en esta vida creando un nudo etérico en su tercer ojo.

La razón por la que ciertos contratos, maldiciones o traumas de vidas pasadas persisten es que hay una lección que debimos aprender en una vida anterior y no lo hicimos, que hay una lección que aprender para la que necesitamos más de una vida, o simplemente que no nos dio tiempo a sanar una maldición, un contrato, o un trauma, de una vida anterior y a liberarnos de ello en el periodo comprendido entre una existencia y otra.

Las maldiciones kármicas generacionales se asemejan a los contratos kármicos ya que también fueron creados en una vida pasada, y continúan afectando la vida presente. Sin embargo, existe una diferencia: los contratos kármicos se efectúan por voluntad propia, y las maldiciones kármicas generacionales se heredan de otras personas. Esas maldiciones son ataques psíquicos que pueden perdurar por muchas vidas, sino se rompen.

Hay cordones energéticos que nos pueden unir a ancestros que nunca conocimos, lugares que jamás hemos vivido, o visitado, y eventos que no hemos experimentado en esta vida actual. Existen contratos kármicos ancestrales que fueron heredados de nuestros ancestros sin nosotros haber participado en su elección. Ese tipo de contratos ancestrales genera temores y expectativa de que los miedos, o la voluntad de un ancestro, se haga realidad.

A veces tenemos cordones energéticos que vienen de vidas pasadas. Si un evento traumático de una vida pasada se vuelve repetitivo a lo largo de muchas vidas, se forman cordones energéticos que trascienden varias existencias creando un potente cordón que quebranta la facultad de esa persona para eliminar ese patrón traumático. Frecuentemente todos los traumas que padecemos en nuestra vida actual son pequeños pedazos de traumas de vidas pasadas.

Toda persona que haya vivido un evento traumático en una, o varias vidas pasadas, sin llegar a superarlo, vive su presente a la expectativa de revivirlo. Esas personas crean nuevas experiencias a nivel subconsciente en los primeros años de sus vida con la intención de traumarse y renovar sus expectativas. Usualmente la forma más común de manifestación de esos cordones energéticos es a través de miedos y fobias.

Otra forma de cordón energético es el que se forma con las creencias. Todas las creencias que tenemos, positivas o negativas, poseen un cordón energético que se despliega desde nuestro ser hasta el esquema de pensamiento universal de la creencia. El pensamiento colectivo es producto de los pensamientos, las emociones y las energías de todas las personas que alguna vez mantuvieron, o aún mantienen, una creencia especifica, o que han colaborado con ella.

Cuando nuestros pensamientos y emociones están estrechamente relacionados con una creencia especifica de forma aguda y permanente, nos conectamos a ese modelo de pensamiento colectivo, lo cual alimenta y refuerza nuestro cordón energético con la creencia.

Frecuentemente tenemos cordones energéticos tóxicos con varios objetos con los que hemos sostenido ataduras emocionales, entre los que acostumbran a estar cartas, libros, fotografías, cuadros, ropas, zapatos etc.

Si la relación con las personas dueñas, o asociadas, a estos objetos acabaron en malos términos el rencor que tú, o las otras personas sienten, se traspasa instantáneamente a los objetos. No basta con cortar el cordón energético con los objetos, debes limpiarlos. Pero en el mejor de los casos botarlos.

Todas las antigüedades familiares que se traspasan de generación en generación van acumulando energías de todas las personas que fueron dueños de ellas, o tuvieron contacto con estas. Al tu poseerlos creas cordones energéticos con esas personas, su traumas y las experiencias que vivieron.

Es saludable vender, regalar o botar esos objetos, ya que cuando rompes el vínculo físico, automáticamente cortas el cordón energético que te une a ellos.

En el mundo espiritual somos el conjunto de las vidas que hemos vivido, aunque no poseamos memorias de los eventos, o experiencias, que vivimos.

Para el alma no existen ni el espacio, ni el tiempo. El alma posee la capacidad de acumular todas las experiencias que hemos vivido en todas nuestras vidas pasadas. La persona que tú eres hoy es la suma de todas tus vidas pasadas.

Mal de Ojo, Maldiciones y Envidias

El mal de ojo, las maldiciones y la envidia entran en la categoría de los ataques psíquicos. Todos suceden cuando una persona te envía fuertes vibraciones donde el principal ingrediente son las energías negativas. Eso puede suceder de forma consciente, o inconsciente, pero debido a la intensidad de estos, son muy nocivos.

El mal de ojo, maldiciones y envidia son mucho más graves cuando tu mantienes relación con esa persona, ya que el cordón energético que se crea le permite el acceso total a tu energía.

Sin embargo, también pueden existir cordones energéticos entre personas que son desconocidas, con independencia de los límites del tiempo, debido a que la energía tiene la capacidad de trascender el tiempo y el espacio, y llegar a cualquier persona u objeto con concentración e intención.

Las Posesiones Psíquicas

La posesiones psíquicas son comunes, pero algunas veces pasan inadvertidas. Las mismas ocurren cuando un espíritu de baja vibración, o un alma errante, se adueña del cuerpo de una persona provocando cambios de conducta y enfermedades. Esa entidad penetra a través del aura.

Cuando una persona decide liberarse de ese espíritu es muy importante que escoja a alguien que sea profesional. Si la persona que está haciendo el trabajo solo se limita a expulsar al espíritu, el mismo buscará otro cuerpo donde alojarse.

Los síntomas de una posesión psíquica son complemente diferentes a los síntomas de otros tipos de ataques energéticos. Entre ellos se encuentran la apatía emocional, conductas destructivas, agresividad, pérdida de memoria, escuchar voces, y cambios físicos en la persona poseída.

Los Enlaces Psíquicos

Los enlaces psíquicos son una forma de posesión psíquica más ligera. En esa situación un espíritu deteriorado, un alma vagabunda, un objeto, e incluso otro individuo, se sujeta al aura de una persona influyendo en sus conductas y costumbres.

Eso sucede porque la persona tiene vulnerabilidad en su campo energético. Es común ver enlaces psíquicos cuando las personas pasan por periodos depresivos, cuando toman medicamentos, o abusan de las drogas o el alcohol.

A esas personas se les abre un hueco en el aura y eso permite que una entidad externa se sujete a su aura, le absorba su energía, e influya en sus emociones y conductas.

Las discotecas, o los lugares donde haya altos consumos de drogas o bebidas alcohólicas siempre están inundados de multitud de espíritus de energía inferior y almas desorientadas, acechando a los borrachos y drogados para pegarse a su aura y nutrirse de la energía de estos.

Almas Vagabundas

Estas son almas que no realizaron su transición. Eso puede suceder cuando el alma se queda apegada a algún familiar, o tiene una dependencia a alguna una sustancia. Esas almas vagabundean en nuestro plano terrestre apoderándose de la energía de las personas que tienen los mismos vicios, o que son víctimas de estados de estrés, depresión, o carencia emocional.

Esa forma de atadura psíquica es muy común, sobre todo en los jóvenes.

La Transgresión Psíquica

La transgresión psíquica sucede cuando tenemos fantasías sexuales con una persona, o cuando otra persona fantasea sexualmente con nosotros. Ese tipo de fantasías penetra el espacio energético de una persona transmitiendo, y creando, un anzuelo energético que socava su energía esencial.

Síntomas de un Ataque energético

Los ataques energéticos tienen varios síntomas. Entre ellos encontramos agotamiento, insomnio, pesadillas, desánimo, ansiedad, depresión, y tener accidentes.

Aunque no padezcas esos síntomas no significa que tengas inmunidad a los cordones o ataques energéticos. Algunas veces puede que no se hayan manifestado, o que llevas tanto tiempo con ellos, que te acostumbraste. Todos somos vulnerables a los ataques energéticos.

Algunos hábitos, adicciones y costumbres te hacen más vulnerable a los cordones, y ataques energéticos, enfermando o perjudicando tu campo áurico, recargando tu energía o empujando agresiones por parte de los espíritus oscuros.

Sistema de Inmunidad Energética

Los chakras, y el campo áurico, son parte de nuestro sistema de inmunidad energética, y el mismo tiene una relación proporcional con el sistema inmunitario de nuestro organismo.

Nuestro sistema de inmunidad energética controla la forma que interactuamos a nivel energético con otras personas, y el entorno que nos rodea, metabolizando la energía que absorbemos, con el objetivo de protegernos de los ataques o sabotajes energéticos.

Las Pirámides y las Limpiezas Energéticas

Desde hace siglos las pirámides, Mayas y egipcias han captado la atención de todo el mundo, siendo para la mayoría un simple atractivo turístico, pero también un campo de batalla entre supuestos escépticos, y diversos investigadores. Todo eso genera una confusión aumentada con asuntos parapsicológicos y místicos mal interpretados por la desinformación reinante en esos campos.

Las pirámides pueden atraer energía, aumentar la vitalidad, combatir malas vibraciones, atraer prosperidad, mejorar la salud y fortalecer la vida espiritual.

Sin embargo, es necesario seleccionar el material, y el color adecuado de la pirámide, para potenciar sus beneficios.

Las pirámides funcionas como catalizador, transportando en su interior la energía cósmica que se condensa y activa conservando todo lo que se somete a su influencia.

La pirámide de Keops posee exactamente esas características, por lo que las pirámides utilizadas en el esoterismo reproducen exactamente sus medidas.

Algunos experimentos han permitido confirmar que la conservación de las momias ha sido fruto, en gran parte, por esta focalización energética. Algunos investigadores han podido producir auténticas momificaciones con trozos de carne que fueron situados en el centro de la cámara, localizada en la base de una pirámide, como si por algún mágico motivo se diese una situación de vacío total, y el aire mismo no estuviese presente en la cavidad de esta.

El oxígeno, con las bacterias transportadas por él, produce la descomposición, y en ausencia del oxígeno y de las bacterias, esta se reduce notablemente.

En algunas métodos curativos, se utilizan las pirámides que se construyen siempre respetando el modelo original de la pirámide de Keops, pero cuyo material predominante es el cobre, por las propiedades terapéuticas y esotéricas que este posee.

Tú puedes recurrir al uso de las pirámides, eligiendo la de cristal o la de plástico, pero también la de metal si lo consideras necesario, siempre que respetes las medidas, y siguiendo algunos métodos básicos muy fáciles de entender y utilizar.

Todo lo que se sitúa dentro, o debajo de una pirámide, durante la fase de Luna Menguante sufre una especie de descarga de energía por lo que sirve para calmar y eliminar las negatividades.

En los periodos cuando la Luna está en Cuarto Creciente, lo que se sitúa dentro, o debajo, de una pirámide experimenta un vigor, por ello aumenta en energías, y sirve tanto para aproximar, como para hacerlo más activo, agresivo y cargado de fuerza.

Materiales de las Pirámides

Cristal: Es un gran receptor de energía, y una de las más eficaces en la curación.

Cobre: Capta energías negativas y las convierte en positivas. Limpia ambientes concurridos.

Madera: Favorece la meditación, la relajación, y se emplea para energizar las plantas.

Oro: Usada a la altura del corazón crea una especie de energía positiva, actúa como un escudo protector.

Cartón o Cartulina: Es una pirámide multiusos, sirve para cicatrizar heridas, meditar o dormir.

Aluminio: Es adecuada para desarrollar la percepción extrasensorial, y la concentración.

Latón: Tiene efectos semejantes a los del aluminio. Además, facilita la aceptación y adaptación.

Acrílico: Tiene diversas aplicaciones en la vida diaria, como energizar agua, flores o frutas.

Cera: Se puede prender para combatir malas energías en un ambiente, y atraer buena suerte.

Zodiacal: Si se fabrica con la piedra que representa cada signo produce grandes beneficios.

Colores de las Pirámides

Rojo: Se asocia con la fluidez, la salud y la vitalidad.

Naranja: Favorece la acción, la alegría y la fortaleza física.

Amarillo: Estimula la creatividad, potencia la memoria, ayuda a evitar el miedo.

Azul: Crea estados de paz, entendimiento, ánimo, intuición y pureza.

Violeta: Da poder, e inspiración.

Rosado: Evita el estrés, induce al sueño y motiva la ternura.

Blanco: Color que representa la pureza, y puede potenciar el efecto de otras tonalidades.

Marrón: Tono de la fertilidad que nos acerca a la madre tierra, y se asocia con la abundancia y el progreso.

Verde: Motiva el equilibrio, el crecimiento personal, y la unión con la naturaleza.

Recomendaciones Importantes sobre las Pirámides

Es necesario tomar en cuenta las siguientes recomendaciones:

- No dejar las pirámides cerca, o sobre los electrodomésticos, ya pueden perder su valor energético y curativo.

- Ubica con la ayuda de una brújula, la pirámide con una de sus caras hacia el Norte.

- Verifica que tipo de sensación tienes al usar las pirámides, especialmente en cuestiones de salud. Si tienes una sensación de frío o calor, esto significa que está haciendo efecto, pero si, por el contrario, tienes náuseas o malestar general, es prudente suspender el ejercicio y hacerlo otro día.

Las pirámides no funcionan:

- Si quiere hacerle daño a los demás.

- Si no haces un correcto manejo de la energía universal.
- Si no estás claro en lo que deseas.

Como Limpiar y Atraer Energías Positivas con las Pirámides

La casa es el lugar donde vivimos, y compartimos momento con nuestros seres queridos, por eso necesitamos renovar la energía, y alejar las malas vibraciones.

Si deseas iniciar un proceso de renovación energética, y de alejar las malas vibraciones en el hogar, es necesario primeramente hacer una buena limpieza.

Para ello, debes hacer un sahumerio natural con cáscaras de limón, naranja o mandarina (pero si no es posible encontrarlo, puedes prender varitas de incienso de sándalo, jazmín o rosa). Debes quemar combinando unos pedacitos de carbón en un recipiente de barro. Comienza de adentro hacia fuera para alejar las malas energías.

Igualmente, se puede usar la aromaterapia llenando un atomizador con agua y añadir treinta gotas de esencia floral como Albahaca, Lavanda y Menta. Debes ir a todos los espacios de la casa y esparcir la mezcla en cada rincón, esquina superior e inferior, así como la línea de unión entre ellas.

Luego, puedes colocar diferentes pirámides, dependiendo de la parte de la casa, para que fluyan las energías positivas.

Comedor: Poner una pirámide verde sobre la mesa, ya sea de cartón o acrílico, debajo de ésta poner una foto de la familia y peticiones.

Sala: Puedes poner una pirámide blanca de Selenita, o sentarte en el sofá, cerrar los ojos y visualizar a las personas que pueden visitar el hogar. Luego, imaginar que están en una pirámide de cristal y que todos hablan de manera cordial, amena, amistosa y sincera.

Cocina: Ubica una pirámide roja sobre la estufa (que no esté prendida) o sobre la mesa del comedor. Poner debajo de ésta peticiones positivas. Por ejemplo: "Que en mi casa nunca falten buenos proyectos y éxito".

Habitación de dormir: Seleccionar una pirámide de acuerdo con los deseos: **Rosada:** Para mejorar la comunicación con tu pareja. **Roja:** Si quiere avivar la sensualidad y la pasión. **Verde:** Si deseas mejorar cuestiones de salud y bienestar. **Blanca:** tono ideal para cualquier necesidad. **Violeta:** favorece el crecimiento espiritual.

Estudio u Oficina: Poner una pirámide de madera y descansar debajo de ésta durante 15 minutos. Después visualizar lo que quieres hacer, por ejemplo, terminar estudios, hacer una especialización, tener más clientes, etc.

Garaje: Coloca durante nueve noches, una pirámide de madera, o cartón, pintada de color verde o violeta sobre el techo de tu automóvil. Debajo de ésta, colocar un papel en el que hayas escrito tus deseos, por ejemplo: "Que mi familia y hogar estén protegidos de accidentes, robos y peligros".

Acerca de la Autora

Además de sus conocimientos astrológicos, Alina Rubi tiene una educación profesional abundante; posee certificaciones en Sicología, Hipnosis, Reiki, Sanación Bioenergética con Cristales, Sanación Angelical, Interpretación de Sueños y es Instructora Espiritual. Rubi posee conocimientos de Gemología, los cuales usa para programar las piedras o minerales y convertirlos en poderosos Amuletos o Talismanes de protección.

Rubi posee un carácter práctico y orientado a los resultados, lo cual le ha permitido tener una visión especial e integradora de varios mundos, facilitándole las soluciones a problemas específicos. Alina escribe los Horóscopos Mensuales para la página de internet de la American Asociation of Astrologers, Ud. puede leerlos en el sitio www.astrologers.com.

En este momento escribe semanalmente una columna en el diario El Nuevo Herald sobre temas espirituales, publicada todos los domingos en forma digital y los lunes en el impreso. También tiene un programa y el Horóscopo semanal en el canal de YouTube de este periódico. Su Anuario Astrológico se publica todos los años en el periódico "Diario las Américas", bajo la columna Rubi Astrologa.

Rubi ha escrito varios artículos sobre astrología para la publicación mensual "Today's Astrologer", ha impartido clases de Astrología, Tarot, Lectura de las manos, Sanación con Cristales, y Esoterismo. Tiene videos semanales sobre temas esotéricos en su canal de YouTube: Rubi Astrologa. Tuvo su propio programa de Astrología trasmitido diariamente a través de Flamingo T.V., ha sido entrevistada por varios programas de T.V. y radio, y todos los años se publica su "Anuario Astrológico" con el horóscopo signo por signo, y otros temas místicos interesantes.

Es la autora de los libros "Arroz y Frijoles para el Alma" Parte I, II, y III, una compilación de artículos esotéricos, publicada en los idiomas inglés, español, francés, italiano y portugués. "Dinero para Todos los Bolsillos", "Amor para todos los Corazones", "Salud para Todos los Cuerpos, Anuario Astrológico 2021, Horóscopo 2022, Rituales y Hechizos para el Éxito en el 2022, Hechizos y Secretos, Clases de Astrología, Claves de la Prosperidad, Plantas mágicas, Baños Espirituales, Ríete de la Vida antes que la vida se ría de ti, Clases de Tarot, Interpretación de Velas, Rituales y Amuletos 2022, 2023, 2024 y Horóscopo Chino 2023, 2024 todos disponibles en cinco idiomas: inglés, italiano, francés, japonés y alemán.

Rubi habla inglés y español perfectamente, combina todos sus talentos y conocimientos en sus lecturas. Actualmente reside en Miami, Florida.

Para más información pueden **visitar el website** www.esoterismomagia.com

Bibliografía

Material de los libros "Amor para todos los Corazones", "Limpiezas Espirituales y Energéticas", "Dinero para todos los Bolsillos" y "Salud para todos los Cuerpos" publicados por la autora.

Milton Keynes UK
Ingram Content Group UK Ltd.
UKHW021850231124
451423UK00001B/318

9 798227 013644